Vrede och Hopp

Jan Svärd

VREDE OCH HOPP

Förlag: BoD · Books on Demand, Östermalmstorg 1,
114 42 Stockholm, Sverige, bod@bod.se
Tryck: Libri Plureos GmbH, Friedensallee 273,
22763 Hamburg, Tyskland
ISBN: 978-91-8114-759-9

Inledning

Detta är en debattbok och en inre dialog om de många utmaningar och frågor som socialdemokratin står inför i dag. Genom fördjupade reflektioner belyser jag de centrala frågor som formar dess framtid. Jag ställer frågor som inte bara söker svar, utan som också inbjuder till eftertanke och handling. Det är en utmaning att bemöta, men även en chans att återuppliva en politisk rörelse kapabel att möta samtidens och framtidens krav med både hjärta och hjärna. Framför allt handlar det om att våga blicka framåt – för trots allt finns det hopp.

Tankarna i denna bok har ofta växt fram under tidiga morgnar på min balkong, där dagens första ljus väckt insikter och reflektioner. Dessa stunder har blivit grunden för bokens innehåll. Och av den anledningen börjar boken med en dikt därom.

Du behöver inga läsanvisningar för denna bok. Läs den i den ordning som passar dig bäst.

Jag har medvetet bevarat det fria och ibland svindlande tankeflödet från textens ursprung för att förmedla en ärlig känsla av reflektion. Samtidigt finns en tydlig struktur som kretsar kring viktiga samhällsfrågor. Den röda tråden genom texten är vrede och hopp.

Mitt mål är att engagera dig som läsare, så att vi tillsammans kan reflektera och skapa något nytt. Vår rörelse behöver ny kraft och energi för att kunna växa och anta de utmaningar som samhället står inför.

Författaren

På min balkong

På min balkong möter jag dagens första strålar,
Himlen övergår långsamt från nattens mörker till en gyllene ton,
Luften är krispig, full av löften om en ny början,
Måsarna har vaknat, deras skrik ekar mellan husens väggar,
Morgonen fylls av förväntan, en föraning om det som väntar.
Natten har dragit sig tillbaka,
Dagen gör sin entré.

I de tidiga timmarna finns ett nästan magiskt ljus,
Som om världen föds på nytt varje morgon,
Varje dag en gåva, en chans att börja om,
Att skapa, att upptäcka, att möta det nya med öppet sinne.

Ljuset återvänder med våren,
Och varje år dras jag till dess sken,
Det bär på en känsla av trygghet, av hopp,
Varje stråle en påminnelse om livets ständiga förnyelse,
Om möjligheten att växa, att förändras,
Att möta dagens utmaningar med öppen blick och ett varmt hjärta.
I morgonens stillhet föds de stora tankarna.

Världen är ännu tyst, full av löften,
Ingen stress, inget brus, bara ett ögonblick för reflektion,
För att samla tankarna, förbereda sig för dagens resa,
I det tidiga ljuset kan jag tro på världens klokskap,
På min egen förmåga att göra den lite bättre.

I dagsljuset framträder alla färger klarare,
Varje nyans av naturens skönhet blir synlig,

Varje rörelse en del av något större,
Ljuset bär med sig en känsla av förnyelse, av hopp,
Och i detta ljus finner jag styrkan att möta världen,
Med ett sinne öppet för det som dagen kan ge,
Ett hjärta fyllt av förväntan,
För jag hyllar gryningen som leder mig in i dagen,
Fylld av ljus och möjligheter.

I

Med vrede och hopp kan det bli möjligt

Denna fördjupade reflektion är ett försök att ta itu med de frågor som är centrala för socialdemokratins och hela arbetarrörelsens framtid.

Det är en utmaning, men också en möjlighet att återuppliva en politisk rörelse som kan möta dagens och morgondagens utmaningar med både hjärta och hjärna.

Förvaltandet av arvet från partiets pionjärer: Vad innebär det?

Jag börjar med att fundera över vad det innebär att förvalta arvet från partiets pionjärer. Är det en fråga om att bevara det som varit, att vårda gamla ideal och metoder, eller kräver det att vi anpassar och utvecklar dessa ideal för att möta dagens utmaningar?

Att förvalta arvet kan inte enbart handla om att blicka bakåt och hålla fast vid det som en gång fungerade. Det måste också handla om att reflektera över nutidens krav och problem. Kan vi verkligen säga att vi förvaltar arvet väl om vi inte samtidigt tar oss an de nya problem som samhället står inför?

Det känns som att vi ofta fastnar i en nostalgisk blick bakåt. Vi klamrar oss fast vid det gamla utan att fråga oss om det fortfarande är relevant. Men vad händer om vi inte vågar förändras? Riskerar vi då att bli irrelevanta, att tappa kontakten med de människor som vi vill representera?

Vi måste fråga oss varför förändring ibland känns skrämmande. Är det av respekt för våra föregångare, eller är det rädsla för att förlora vår identitet? Och i så fall, vad är egentligen socialdemokratins identitet idag?

Att bevara ett arv innebär att se till att det lever vidare genom att omvandla och anpassa det till den verklighet som vi lever i nu. Om vi inte gör det, riskerar vi att förlora vår relevans som en politisk rörelse som speglar och representerar dagens samhälle.

Välfärd och förtroende: Hur har vi hamnat här?

Välfärdspolitiken har länge varit en central del av socialdemokratins identitet, men är den numera mer en symbol än verklig kraft för förändring.

Vi talar ofta om välfärd för alla, men hur många upplever att de verkligen får del av den? Det verkar finnas en växande skillnad mellan vad som sägs och vad som upplevs. välfärden riskerar att förvandlas till en tom fras, något som upprepas utan substans.

Vad är det som gör att människor tappar förtroendet för politiken och för välfärdssystemet?

Kanske är svaret i att vi har misslyckats med att hålla oss relevanta i en tid av snabba förändringar. Om vi har förlorat människors förtroende, hur kan vi återvinna det?

Det handlar inte bara om att lova mer välfärd, utan om att återupprätta ett genuint förtroende mellan medborgarna och de förtroendevalda. Men hur åstadkommer vi detta i en tid där politiker upplevs som mer avlägsna än någonsin?

Att återvinna förtroende kräver mer än bara löften om förbättringar; det kräver återkoppling till de människor som vi representerar och en djupare förståelse för deras verklighet.

Vi måste gå från ord till handling. Vi måste visa att välfärdspolitiken är en verklig kraft till förändring, inte bara en symbol för det som en gång var.

Reglering av marknadskrafter: Är det möjligt?

Den gamla socialdemokratiska idén att politiken ska reglera marknadskrafterna står inför stora utmaningar. I en tid där de fria marknadskrafterna har övertaget, måste vi fråga om det ens är möjligt att återta den rollen. Har vi som parti förlorat vår förmåga att styra och påverka marknaden? Och varför har det blivit så?

Kanske är för försiktiga. Vi vågar inte att utmana de starka krafterna. Eller saknar vi de verktyg som krävs för att kontrollera en globaliserad ekonomi?

Vad innebär detta för framtiden? Fungerar de traditionella metoderna fortfarande, eller måste vi hitta nya sätt att agera på den politiska arenan?

Ligger framtiden i samarbete med andra rörelser och organisationer för att skapa en gemensam kraft som möter dagens utmaningar.

Om de traditionella partierna har överlevt sig själva, vad kommer då att ersätta dem? Detta är en viktig fråga. Den kräver att vi är öppna för nya strategier och lösningar för att hantera en värld där marknadskrafterna har en stark position.

Det nya klassamhället: Vad kan göras?

När jag reflekterar över det nya klassamhället, där ungdomar, invandrare och ensamstående föräldrar är de mest utsatta, känner jag djup frustration. Hur har vi hamnat här igen, i ett samhälle där klyftorna växer och de mest behövande hamnar längst ner?

Det är slående hur tyst det är kring dessa frågor i den politiska debatten. Vad kan göras för att återigen sätta kampen mot ojämlikhet i centrum?

Har strävan efter medelklassens röster gjort att de mest utsatta har glömts bort? Och hur kan vi rätta till det? Är det möjligt att förena en politik som gynnar medelklassen med en politik som också tar hand om de mest sårbara?

En annan viktig fråga är socialdemokratins förvandling till ett medelklassparti. Vad innebär det när de mest utsatta inte längre känner sig representerade? Har vi förlorat vår identitet som en rörelse för alla, inte bara för dem som redan har det bra?

Vi måste åter göra socialdemokratin till en rörelse som kämpar för rättvisa och solidaritet för alla, inte bara för dem som har råd att köpa sig trygghet. Eller måste vi göra ett val, och i så fall, vilket?

Framtidsvisioner och verklighet: Kan de förenas?

Jag funderar vidare på frågan om framtidsvisioner. Det verkar finnas en brist på idédebatt inom socialdemokratin, vilket inte skapar hopp och framtidstro. Varför är det så? Varför? Och varför kan vi inte formulera en vision för framtiden som människor verkligen tror på?

Kanske har vi blivit för pragmatiska. Rädda för att drömma stort. Eller har vi förlorat kontakten med de ideal som en gång drev oss till stordåd?

Om vi inte kan erbjuda en vision för framtiden, hur kan vi då förvänta oss att människor ska engagera sig i politiken?

Men vi måste också fråga oss hur vi säkerställer att dessa visioner inte bara blir tomma löften, utan att de faktiskt förverkligas i en verklighet.

Frågan om framtidsvisioner är avgörande. Utan en levande idédebatt är det svårt att skapa engagemang och en tydlig väg framåt. Vi måste hitta ett sätt att förena våra visioner med den verklighet vi lever i, och samtidigt säkerställa att dessa visioner inte stannar vid tomma ord. De måste bli konkreta och genomförbara planer.

Demokratins kris: Vad är roten till problemet?

Jag tänker på den kris som den representativa demokratin genomgår, och jag kan inte låta bli att undra: Varför har det blivit så här? Varför upplever så många att de inte längre har inflytande över politiken? Har partierna bidragit till denna kris genom att bli alltmer toppstyrda och slutna?

Krisen inom den representativa demokratin väcker viktiga frågor. Vad betyder det när människor vänder sig bort från politiken? Kan vi återuppbygga en levande och deltagande demokrati?

Och hur säkerställer vi att människors röster verkligen hörs och att de känner att de har verkligt inflytande över de beslut som tas?

Socialdemokratin som medelklassparti: Har vi tappat bort oss själva?

En annan viktig fråga jag ställer mig gäller socialdemokratins förvandling till medelklassparti. Vad innebär det när de mest utsatta inte längre känner sig representerade? Och hur kan vi åter göra socialdemokratin till en rörelse som kämpar för rättvisa och solidaritet för alla, inte bara för dem som har råd att köpa trygghet?

Är det möjligt att förena medelklassens intressen med en politik som tar hand om de svagaste i samhället? Eller måste vi göra ett val, och i så fall, vilket?

Nya folkrörelser: En möjlighet till förnyelse?

När jag ser på de nya folkrörelser som växer fram, fråga jag: Är dessa rörelser ett hot mot socialdemokratin, eller en möjlighet till förnyelse? Kan vi som parti öppna oss för dessa nya krafter, och om vi gör det, hur kommer det att påverka det vår egen identitet?

Vad innebär det för socialdemokratin om vi släpper in in nya idéer och nya sätt att organisera sig? Är vi redo att utmana de gamla maktstrukturerna inom partiet för att ge plats åt nya röster? Om vi inte gör det, vad riskerar vi att förlora?

Kanske beror vår överlevnad som politisk kraft på vår förmåga att anpassa oss till en ny tid, hitta nya partimodeller.

De nya folkrörelser som växer fram är både ett hot och möjlighet. Om vi öppnar oss för dessa nya krafter och idéer, är vi redo att utmana gamla strukturer för att göra plats för nya? Om vi inte gör det, riskerar vi att förlora vår relevans som politisk rörelse.

Avslutande reflektion: Är förändring möjlig?

I slutändan handlar allt detta om förändring. Är vi redo att förändras, att släppa in nya idéer, att åter bli en rörelse som människor känner sig engagerade i?

Det är lätt att bli pessimistisk inför alla dessa utmaningar, men samtidigt måste jag fråga mig: Är förändring inte vad socialdemokratin alltid har handlat om? Att våga drömma om en bättre värld och att arbeta för att göra drömmen verklig?

Kanske är det i detta som hoppet ligger. Om vi kan återfinna vår förmåga att drömma, att tro på att förändring är möjlig kanske vi också kan få människors förtroende.

Men det kräver att vi vågar ställa de svåra frågorna, att vi vågar ifrågasätta oss själva och det samhälle vi har varit med om att skapa. Är vi redo för den utmaningen? Och om vi inte är det, vad säger det om socialdemokratins framtid?

Inte en gång till

Jag gör en betraktelse av den senaste valrörelsen. En valrörelse som inte handlade om de stora frågor som verkligen betyder något för människor – välfärden, klimatet, skolan, pensionerna, bostäderna och tryggheten. I stället präglades den av snäva perspektiv och en retorik som saknade vision och riktning.

Vi måste vara ärliga med oss själva. Vi socialdemokrater misslyckades med att formulera en framtidspolitik som kunde engagera, inspirera och väcka hopp. Det kändes som om Partiet inte längre hade några större ambitioner än att förvalta status quo – att plocka lite håglöst i politikens godislåda. Folk fick många uppfattningen att partiledningen har en öppenhet gentemot högern.

Valrörelsen dominerades av de blåbrunas agenda, medan Socialdemokraterna hängde på i bakvattnet. I stället för att lyfta våra hjärtefrågor – välfärden, social trygghet och rättvisa – fokuserade debatten på invandring, kriminalitet och kärnkraft. Detta är inte den riktning vi vill gå!

När vi var ute och mötte människor – i valstugor, på möten, genom dörrknackningar och samtal – hörde vi något annat. Vi hörde de verkliga behoven. Vi hörde om bristerna inom äldreomsorgen, om köerna i sjukvården, om kampen för en värdig pension, om att få tag i en bostad och om oron för klimatet och segregationens tillväxt. De här frågorna, dessa röster, förtjänar att vara i centrum.

Självklart mötte vi även de som var nöjda med det som varit. De som förstår att vi har regerat under svåra omständigheter. Men vi mötte också många som är besvikna, som känner sig bortglömda, som inte ser sig själva i den politik vi har drivit. Vi måste våga lyssna på den kritiken.

Nu har Sverige en konservativ regering. En regering som, i sin jakt på makt, valt att samarbeta med krafter vi en gång svor att bekämpa. Vi ser framför oss en högerpolitik som kommer att urholka välfärden, sänka a-kassan, försämra arbetsrätten och öka klyftorna. Det här är inte en framtid vi vill ha för Sverige!

För oss som står på den socialistiska planhalvan handlar politiken om mer än administration. Den handlar om att drömma, om att forma en bättre framtid och om att vara en kraft för förändring och rättvisa. Det kräver mod. Det kräver visioner. Och framför allt kräver det att vi vågar vara mer än en bild på en partiledare!

Situationen är mörk, men inte hopplös. Jag, och många med mig, anser att partiet måste påbörja en omstart. Vi behöver självrannsakan och självkritik. Vi måste ställa de svåra frågorna: Vad har gått fel? Hur kan vi åter bli en levande folkrörelse? Hur kan vi nå dem vars röster inte längre hörs i politiken?

Partiet har tillsatt arbetsgrupper för att ta fram nya förslag, och det är en början. Men det räcker inte att prata – vi måste agera. Vi måste bygga en politik som syns och känns i människors vardag, som inspirerar och lyfter. Och när partikongressen äger rum i år, då ska vi inte bara ha en plan för att förvalta – vi ska ha en vision för en starkare framtid.

Det är dags att vakna upp, att ta ledartröjan och att åter bli rörelsen som förändrar Sverige.

II

Håller vi på att brinna upp?

Lever vi i ett land av brända själar
Där knäna viker sig under tyngden av tidens piska
Scheman styr som obarmhärtiga härskare
En fullklottrad almanacka dikterar varje andetag
Har vi vant oss vid att livet kan brännas ut
Att människor slocknar, tappar sitt värde
Och marknadens kalla hand driver dem till randen.

Att de som inte orkar, som faller
Pressas ut i marginalen
Tvingas till ett liv på nåder
Där vardagen är en ständig påminnelse
Om allt de inte längre får vara.

Är rädslan är vår följeslagare
Ett svart skynke som när som helst kan falla
Rör vi oss i skräck
För paniken
För att luften ska ta slut
För att hjärtat ska ge vika
Under trycket av krav som aldrig mildras.

Gräver klyftor sig djupare
Motsättningarna skär skarpare genom oss
Faller vi som kämpar ändå
Mals även de framgångsrika ner
Sparar ekorrhjulet någon
Är reserverna tömda
Marginalerna obefintliga.

Så här kan vi inte ha det
Om vi strävar mot människovärde
Solidaritet och rättvisa
Måste vi åter finna varandra
Vända oss bort från den kallaste av vägar
Och välja att skapa ett samhälle
Där varje liv, varje själ, räknas.

I det lilla, i våra hem och relationer,
Speglas det stora
Sammanhangen syns i varje spricka
Strukturer styr vår kärlek, vår ensamhet
Arbetslöshet, sjukdom, ojämlikhet
Det som river sönder äktenskap
Som låter misstron gro
Och tvingar oss bort från varandra
Tiden räcker aldrig till
Tröttheten tar allt som finns kvar.

När solidariteten försvinner
Blir vi varandras fiender
Egoismen triumferar
krossar både gemenskap och kärlek
Vi reduceras till kuggar
Maskiner utan själ
Slavarna i en ordning
Som berikar de redan rika.

Men om vi alla följer denna cyniska väg
Vad återstår då
Om vi tar utan hänsyn, roffar åt oss
Hur ser världen ut

Och alla de som fastnat i skarven
Mellan statusens dröm och vardagens tyngd
Vem står vid deras sida
Vem ser dem, när ingen längre bryr sig?

När tigande har blivit en vana

När tigande har blivit en vana har vi förlorat en grundläggande del av vad det innebär att vara ett samhälle.

Sverige – ett land som ofta framställs som ett av överflöd och möjligheter – ruvar under sina glänsande ytor på andra verkligheter. Verkligheter som ofta inte syns, men som hörs i form av viskningar och ibland i högljudda rop från dem som känner den sanna tyngden av samhällsutvecklingen.

De ropar att vi är fattiga, att vi måste dra åt svångremmen, att vi ska nöja oss med mindre. Men när jag tittar omkring mig ser jag något annat. Jag ser ett land rikt på mänsklig potential, på solidaritet och gemenskap.

Ändå är det just dessa värden som idag hotas. Vi matas med en politisk retorik som vill få oss att tro på en falsk verklighet – en verklighet där vi ständigt måste offra för att överleva.

Men jag frågar mig: Vad är det egentligen vi måste överleva? Denna påstådda kris verkar ofta vara ett medel för att försämra villkoren för oss alla, för att underblåsa en rädsla som får oss att acceptera mindre än vad vi förtjänar. Vi påminns ständigt om att vara tysta, att inte kräva för mycket, att dra oss tillbaka.

Jag är trött på dessa lögner. Jag är trött på att se människor som har all rätt att känna vrede, tvingas in i tystnadens fängelse. Vi går omkring med knutna nävar i fickorna, inte för att vi saknar rättfärdighet, utan för att vi har blivit invaggade i en känsla av maktlöshet.

Det som skrämmer mig mest är att vi har blivit så vana vid att tiga. Vana vid att anpassa oss till en värld där vår röst inte längre räknas. Hur hamnade vi här? Hur blev tystnaden vår norm?

Det är som om vårt motstånd har blivit uppdelat i små fragment, som om vår gemenskap har försvagats. Och i takt med att vårt samhälle har accelererat i tempo och livets små bekymmer tagit större plats, har vi blivit alltmer upptagna med våra egna små världar.

Det är som om vi har tappat förmågan att samla oss, att organisera oss till ett gemensamt motstånd. Men bara för att det är svårt betyder det inte att vi ska ge upp. Tvärtom, vi måste hitta nya sätt att höja våra röster, att återigen göra oss hörda.

Vi kan inte låta våra klagomål stanna vid att vara en viskning. De får inte bli en sorglig kör av otillfredsställelse som aldrig riktigt tar form. De som är mest utsatta – de sjuka, de gamla, de svaga – har inga röster kvar. Och det är här vi måste kliva in.

Det handlar inte om att starta en revolution, utan om att återupprätta en grundläggande anständighet. Att se till att alla, oavsett livsomständigheter, får leva med den värdighet som de förtjänar. Vi har ett ansvar att stå upp för dem som inte längre kan göra det själva.

Vi måste våga säga »vi« igen. Under de senaste decennierna har politiken arbetat målmedvetet för att fragmentera oss, för att bryta ner vår kollektiva styrka och göra oss till ensamma individer. »Ensam är stark,« säger de, men sanningen är att ensam är svag. Utan gemenskap är vi förlorade.

När vi står ensamma blir förvirringen och frustrationen överväldigande, och det är precis vad de som styr vill. De vill att vi ska förbli uppdelade, att vi inte ska förstå vår gemensamma styrka.

Men vi kan inte fortsätta på den väg vi nu går. Den är farlig, den leder oss mot ett samhälle där solidariteten försvinner och där varje individ tvingas klara sig själv, oavsett förutsättningar.

Jag känner riskerna djupt inom mig, och jag vet att vi inte har råd att fortsätta spela deras spel. Vi måste hitta tillbaka till varandra, till vår kollektiva styrka. Vi måste våga tro på »vi« igen, på vad vi kan åstadkomma tillsammans, när vi förenar våra krafter.

Tiden är knapp, och insatserna är höga. Vi står inför ett vägskäl där vi måste välja mellan att fortsätta låta oss tystas eller att börja agera.

Det är dags att vi gör vad som måste göras – inte bara för oss själva, utan för alla i samhället, för de mest utsatta, för framtiden. Vi har inte råd att tiga längre.

Jo! Vi kan!

Socialdemokraterna tycks ha en inneboende tröghet.

Vi, som en gång var en kraft som skakade om samhällsbygget och drev igenom förändringar där andra bara såg hinder, har blivit försiktiga. Vi smyger fram i stället för att kliva in i debatten med glöd och självförtroende.

I dag tycks det som om vi är rädda för vår egen kraft. Energifrågan är ett tydligt exempel. Medan elkris och klimatomställning kräver tydliga svar står vi och mumlar om att vi »utreder«.

Vår partiordförande Magdalena Andersson beklagar sig över att partiet inte längre har tillgång till Regeringskansliets resurser – som om politikens kärna låg i expertanalyser snarare än i idéer och övertygelse.

Men att driva opposition handlar inte om att vänta. Det handlar om att ta strid, att utmana, att våga.

Samma försiktighet märks i vår ekonomiska politik. Genom att gå med på högerns strama budgetregler har vi köpt en berättelse som inte är vår. Där vi ska låta staten stå still när järnvägarna rostar, bostadsbristen växer, välfärden sviktar, ojämlikhet och orättvisa växer.

Socialdemokratin byggde en gång landet med mod och reformer. Vad gör vi nu? Står vi still och hoppas att Tidöpartierna faller? Det är inte bara oansvarigt – det är ett svek mot vår historia och våra väljare. Den kritiken finns inte bara hos väljarna. Den ekar också bland oss medlemmar.

Vi ser ett parti som har blivit för försiktigt, för rädda att sticka ut och förlora något. Men vi kommer aldrig att vinna ett val på att ducka eller hoppas att regeringen ska misslyckas. Vi måste ta tillbaka det rebelliska, det kompromisslösa. Det som en gång gjorde oss starka. Vi måste återuppfinna glöden. För vad är Socialdemokratin utan kamp?

Vi är inte ett parti som ska följa. Vi är ett parti som ska leda. Det är dags att vår partiledning slutar tassa fram och börjar ta striderna. Ta den i klimatpolitiken. Ta den i ekonomin. Ta den om de ökande klyftorna. Ta den i frågan om hur vi bygger ett Sverige som håller ihop.

Vår tid kräver inte feghet, den kräver mod. Våra medlemmar, som sliter i valrörelser och möter människor varje dag, kräver det. Våra väljare, som letar efter hopp och lösningar, förtjänar det. Och Sverige behöver det.

För utan en socialdemokrati med sting och glöd finns det ingen som tar striden för det som är rätt och nödvändigt.

Vi har gjort det förut. Det är dags att göra det igen.

Den politiska tilliten måste stärkas och utvecklas

Vårt land har länge varit känt som ett av de mest jämlika och jämställda länderna i världen, ett föredöme för social rättvisa och minskade inkomstskillnader. Vi har legat i framkant när det gäller att skapa lika möjligheter för alla, oavsett bakgrund eller ekonomisk ställning.

På listorna över de mest jämlika länderna har Sverige ofta varit ett av toppnamnen, och vår välfärdsmodell har setts som ett globalt föredöme.

Men idag börjar en annan bild framträda – en bild av ett land där ojämlikheten växer snabbt, där klyftorna mellan de rika och de med lägre inkomster fördjupas i takt med att politiken förändras.

Vi har fallit drastiskt på internationella listor över de mest jämlika länderna. På bara två år har vi rasat från plats tio till plats tjugo, vilket placerar oss lägre än alla andra nordiska länder.

Skillnaden mellan de allra rikaste och den genomsnittliga medborgaren har vuxit avsevärt. Andelen hushåll som lever under ekonomiskt svåra förhållanden har blivit större, medan de som redan är rika fortsätter att öka sina tillgångar. Detta har lett till en djupare känsla av orättvisa i samhället, med konsekvenser som politisk instabilitet, social oro, våldsbrott och ökande kriminalitet.

Det svenska skattesystemet är utformat på ett sätt som gynnar de mest förmögna. Vi har ingen förmögenhetsskatt, ingen arvsskatt, ingen gåvoskatt och inte ens en fastighetsskatt. Kapitalinkomster beskattas i mycket låg grad, delvis tack vare ISK-konton och kapitalförsäkringar, vilket innebär att många av de rikaste undkommer större delar av skattetrycket.

Sverige har på kort tid blivit en gynnsam miljö för de ultrarika. År 2021 rapporterades att det fanns över 542 miljardärer i landet, en hisnande ökning från 28 miljardärer för bara 25 år sedan. På bara två år ökade antalet miljardärer med mer än 330 personer.

I dagens Sverige beskattas ofta miljardärer mindre än låginkomsttagare. Det känns orättvist när vanliga löntagare betalar en större andel i skatt än landets miljardärer.

Privatiseringen av centrala samhällstjänster som skola, vård och omsorg har skapat djupa klyftor i välfärden, och många upplever en allt större orättvisa när det gäller tillgången till dessa tjänster.

Samtidigt har bankerna kunnat verka relativt fritt, och varje år redovisar de stora vinster i mångmiljardklassen.

Bostadsmarknaden har även den exploderat i priser, vilket förvärrar segregationen och försvårar för många att skaffa ett eget boende.

Trots den påtagligt ökande ojämlikheten har den politiska debatten i Sverige förblivit relativt tyst. I stället för modiga och nyskapande satsningar har den politiska diskussionen ofta präglats av förvaltande, där man föredragit stabilitet framför förändring.

Ska mitt socialdemokratiska parti ska kunna återspegla sina rötter och grundvärderingar krävs något mer än byråkratisk kompetens. Det behövs en eld, ett engagemang och en känsla av revolt mot alla former av orättvisor. Dessvärre är det idag är det alldeles för få som ser socialdemokratin som en sådan kraftfull rörelse.

Det som saknas är en tydlig idédebatt som kan skapa engagemang och framtidstro. Och det behövs fler visionärer inom partiet som vågar peka ut en riktning, öppet lyfta upp de rådande orättvisorna till debatt.

Det är inte hållbart att, som i den senaste valrörelsen, fokusera på att parera högerns frågor och samtidigt misslyckas med att få upp sina egna på dagordningen – däribland sjukvården och skolan, de två viktigaste frågorna för många väljare.

Valbudskapet blev i stället för centrerat kring Magdalena Andersson och saknade konkreta vallöften och tydliga S-reformer, vilket skapade en känsla av tomhet i det politiska innehållet.

Ska partiet överleva på lång sikt krävs det en ny generation av både visionärer, agitatorer och drömmare, som kan lyssna på människors verkliga behov. Det räcker inte att enbart ha politiska förvaltare som ser sitt mandat främst som ett maktinnehav. Politiken är trots allt den enda kraften som kan mildra kapitalismens konsekvenser och skapa ett rättvisare samhälle.

Socialdemokratins ideologiska grund är att demokratin ska genomsyra alla delar av samhället, och för att detta ska vara möjligt måste människor känna att de kan påverka politiken och göra sina röster hörda.

En anledning till ett växande politikerförakt kan vara bristen på möjligheter för medborgarna att påverka. Socialdemokraterna och även andra partiernas för den delen, behöver därför skapa större möjligheter för politiskt inflytande och diskussion, vilket har stor betydelse för den demokratiska utvecklingen.

Utgångspunkten Socialdemokraterna, mitt parti, kan vara att reflektera över förra valrörelsen, där fokus låg på att attackera motståndarna snarare än att lyfta fram egna framtidsidéer. Med resultat att vårt land nu har en högernationalistisk regering, styrd av SD, som riskerar att urholka välfärdssystemet och motverka den demokratiska utvecklingen mot ett jämlikare samhälle.

Detta borde väcka eftertanke för oss aktiva socialdemokrater. Kanske håller den alltmer urvattnade politiska debatten på att urholka förtroendet för demokratin? Och kanske har det ständiga smådetaljfokuset på motståndarna gjort att fler väljare misstror hela det politiska systemet och alla politiker? Hur kunde vi hamna i denna situation?

Men politiska partier, inte bara vi socialdemokrater, befinner sig i en långvarig kris. Det handlar inte om att människor är ointresserade av politik – tvärtom, intresset är större än någonsin.

Dagens medborgare vill vara aktiva deltagare, de vill att deras röster hörs och tas på allvar. De är inte nöjda med att vara passiva röstboskap utan vill vara med och forma samhällsutvecklingen.

För att kunna hantera framtidens samhällsproblem och återuppbygga ett rättvist samhälle krävs ett starkt medborgarförtroende för politiken.

Det är hög tid att vända denna trend och återupprätta tilliten mellan folket och deras företrädare i politiken. Det behövs politiska manifestationer som skapar hopp och framtidstro.

Politikens tomhet och förlorad tro

I dag står en stor del av den svenska befolkningen inför en känsla av att inget förändras – oavsett vilken väg vi väljer.

Vi lever i en tid då politiken tycks vara en yta av löften som aldrig infrias, en plats där valrörelser fylls med ord men där de verkliga förändringarna uteblir. Det spelar ingen roll om du är ung eller gammal, medelklass eller arbetarklass – alla bär på en erfarenhet av att samhällsförändringar känns långt borta, eller rentav omöjliga.

För många har politiken blivit en ickekraft som inte längre har någon konkret inverkan på deras liv. De stora problemen – bostadsbristen, den otrygga arbetsmarknaden, vårdkrisen, den skenande ojämlikheten, de ökande klyftorna – känns omöjliga att påverka.

Politiker pratar om stora visioner men levererar bara små, fragmentariska lösningar. Och vi som medborgare får höra att vi måste anpassa oss till situationen, att vi måste ta ansvar för oss själva. Men när är det någon som frågar: Vem tar ansvar för oss?

Många känner att politiken inte levererar. Det är en känsla som breder ut sig över stora delar av väljarkåren. Vi har nått en punkt där generationer av svenskar, oavsett ålder, börjar tvivla på att den politiska processen kan förändra något till det bättre. De äldre som varit med om större samhällsförändringar under 1900-talet ser också att det nu verkar vara för sent för det.

I stället för att tala om visioner om ett bättre samhälle pratas det om små detaljer, om symboliska handlingar som ofta inte löser de verkliga problemen som finns framför oss.

Politikerna talar om att fokusera på individen, om att »ta sig i kragen«, att »skärpa sig«. Men vad gör vi när vi har tagit oss i kragen och ändå inte har råd med en bostad eller är osäkra på om vi kommer få vår vård i tid eller den samhällsservice vi har rätt till?

Kanske är det så att vi, genom att ha blivit utsatta för denna eviga osäkerhet, förlorat vår förmåga att tro på framtiden. De kriser vi upplever, från ekonomiska nedskärningar, de ökande klyftorna, till den akuta vårdkrisen, verkar bara upprepas i ett mönster där vi tvingas anpassa oss gång på gång utan att se några långsiktiga lösningar.

När vi möts av en politisk retorik som hela tiden ropar på moral och att vi som individer ska »ta ansvar« utan att adressera de strukturella problemen, så växer känslan av maktlöshet. De politiska partierna verkar ha fastnat i sina egna, smala spår, utan förmåga att formulera något som verkligen känns relevant för människor på riktigt.

Vi ser en politik som präglas av ytlighet. I stället för att tala om konkreta åtgärder som att bygga fler bostäder eller förbättra skolor, får vi höra om förbud mot klädsel och mobiltelefoner i klassrummen eller om symboliska handlingar som koranbränningar.

Det känns som om samhället har fastnat i småsaker, där de verkliga problemen som fattigdom, otrygghet och bristande välfärd sopas under mattan. Det är som om vi har glömt bort hur man formulerar de stora visionerna – de som handlar om att skapa ett rättvist och hållbart samhälle för alla, inte bara för de som redan har mycket.

Men även om mycket känns hopplöst, finns det en gnista av förändring som vi inte får förlora. Någonstans, mellan den politiska tomheten och de osammanhängande lösningarna, börjar det kanske växa en möjlighet till förändring.

Men kommer vi att orka tro på det? Kommer vi att våga hoppas på att förändring faktiskt kan ske om vi verkligen ägnar vår energi åt att bygga om samhället? Det är fortfarande oklart, men vi måste börja tro att det går.

Den stora frågan är hur vi ska hitta tillbaka till en politik som inte bara ser oss som individer som ska ta ansvar för vår egen situation, utan som ett samhälle som kollektivt måste ta ansvar för att ingen lämnas kvar. Det räcker inte med att enbart säga att vi måste byta regering.

Det som behövs är en politik som tar itu med de verkliga problemen – bostadsbrist, otrygg arbetsmarknad, ojämlikhet och den alltmer pressade välfärden. Vi behöver en politik som kan och vill skapa förändring, hopp och framtidstro.

Det handlar inte om att få människor att »skärpa sig« genom skattesänkningar. Det handlar om att skapa förutsättningar där alla kan klara sig – en skola som premierar kunskap och inte bara rika föräldrar, ett bostadsbyggande som inte låser ut unga från att skapa sina egna liv, ett samhälle där det inte är en individuell ekonomisk prestation att få vård i tid.

Först då kan vi börja tro på politik igen – inte som ett vagt hopp, utan som en konkret möjlighet.

Vi är alla en del av detta samhälle, oavsett om vi är unga eller gamla, rika eller fattiga, välutbildade eller inte. Vi har rätt att kräva en politik som ger oss de verktyg vi behöver för att skapa en bättre framtid.

Om vi slutar hoppas nu, finns det inget kvar att förändra. Så låt oss inte ge upp. Förändringens möjlighet är alltid närvarande. Även om vi ibland har svårt att se den.

Vad händer när hjälplösheten breder ut sig

Det är något som känns så obarmhärtigt tyst. Trots att signalerna blinkar ilsket rött och krisrapporterna duggar tätt, är det som om de som borde höja rösten väljer att viska – eller ännu värre, tiga.

Varje gång jag möter statistiken känns det som ett slag i magen. På bara ett år har skuldbördan i vårt land ökat med 16 procent. 20 000 fler människor har tagit klivet över tröskeln till skuldens värld.

Och ändå, i den offentliga debatten, är det sällan någon verkligen tar upp det. Det känns som om vi håller på att vänja oss vid att fattigdomen breder ut sig som ett ouppklarat höstmörker.

Hur hamnade vi här?

Det är höjda hyror, skenande matpriser och löner som halkar efter. Det är en verklighet där siffrorna bara pekar åt ett håll: uppåt. Inte för våra inkomster, förstås, utan för skuldbergen som tornar upp sig.

På tio år har de nästan fördubblats, och nu växer de med 52 miljoner kronor om dagen. Siffrorna säger sitt, men bakom dem finns människor – och det är deras berättelser som stannar kvar längst.

Jag tänker på alla de föräldrar som varje månad försöker få pengarna att räcka till det nödvändigaste. På ensamstående mammor och pappor som räknar och räknar igen, men ändå inte får ihop ekvationen. Mat, kläder, terminsavgifter för barnens aktiviteter – det som borde vara självklart blir en omöjlig lyx. Hjälporganisationerna säger att ansökningarna om ekonomiskt stöd har skjutit i höjden, och det är inte svårt att förstå varför.

Och det är här det känns som mest ofattbart. För det här handlar inte längre bara om de mest utsatta/eftersatta, de som redan från början levt på marginalen. Nu ser vi att fler och fler människor med jobb, människor som alltid tidigare fått det att gå ihop, ändå faller igenom.

Pandemins konsekvenser hänger kvar som ett ärr, och nu har stigande priser och räntor pressat dem ännu längre ner. Det är familjer som går till sängs hungriga för att pengarna inte räcker till mat, föräldrar som måste låna för att köpa en vinterjacka till sitt barn.

Det är de här berättelserna som borde väcka något hos oss alla, och särskilt hos de som styr. Men i stället möts vi av en märklig tystnad. Ett undvikande. Som om ämnet är för stort, för besvärligt, för svårt att hantera. Under tiden växer skulderna, och med dem klyftorna.

Vad händer med ett samhälle som accepterar att fler inte har råd med det mest basala? Vad händer när hjälplösheten breder ut sig som en epidemi? Det är som om vi står vid kanten av en avgrund, och ändå verkar det som om så få vill prata om det.

Fattigdomen är inte längre något som bara drabbar andra – den smyger sig allt närmare. Och frågan som ekar i mitt huvud är: Hur länge ska vi vänta innan vi gör något åt det?

Nu får det vara nog

Ni har roffat åt er det vi byggde.
Ni tog vår trygghet, vårt arbete, vår gemenskap
och sålde det till dem som bara ville göra vinst.
Ni lovade styrka, men lämnade oss svaga.
Ni talade om frihet, men gav oss kedjor.

Ni sa att tågen skulle gå snabbare,
men nu står vi på perronger där tidtabeller är skämt.
Ni sa att konkurrens skulle ge oss val,
men våra val är en illusion – en prislapp.

Ni bytte ut vår omsorg mot protokoll,
vår skola mot marknadsandelar,
vår sjukvård mot affärsmodeller.
Och när vi frågade varför,
tystnade ni bakom staplar och kalkyler.

Men vi har fått nog nu.
Er tystnad ekar tomt.
Vi ser igenom er.
Marknadens frihet var aldrig vår frihet,
den var bara er väg att lägga händerna på allt vi äger.

Vi ser händer i skuggorna,
människor som sliter utan rättigheter,
och barn som formas av skolor som jagar vinster,
inte kunskap.
Vi ser sjuka som lämnas i köer,
gamla som ignoreras för att deras vård är »för dyr«.

Ni gjorde oss till siffror i ett system ni styrde sönder.
Ni talade om kontroll,
men skapade ett samhälle som vittrar,
ett skyddsnät som inte längre håller,
en framtid som darrar inför ert kaos.

Men nu säger vi: Det är slut på det här.
Vi accepterar inte mer.
Vi kräver tillbaka det ni stal.
Det här landet är inte ert att sälja ut.
Det här folket är inte er marknad att utnyttja.

Vi kräver skolor som lär våra barn, inte säljer dem.
Sjukvård som helar oss, inte fakturerar oss.
Omsorg som håller oss, inte lämnar oss i tystnaden.

Vi kräver en stat som reser sig,
en stat som är vår,
en stat som vågar säga: Det här är slutet för er girighet.
Era vinster är inte viktigare än vår framtid.

Nu sluter vi händerna,
stärker våra röster,
bygger tillsammans en styrka som inte längre böjer sig.

Ni som sålde ut oss ska ställas till svars.
Ni som såg på medan vi föll ska inte få gömma er.
Och ni som trodde att ni kunde tysta oss –
nu är vi här, och vi går inte tyst.
Nu får det vara nog.

Var är de stora visionerna?

Var är de stora visionerna? Var är drömmarna som en gång målade en himmel av möjligheter, som gav löften om framtiden och en tro på det gemensamma? Det som nu möter oss är krusningar, små, meningslösa krusningar på ytan av ett hav som en gång rymde stormar. Ett hav som kunde lyfta skepp av idéer och reformer, som kunde bära oss framåt. Men nu – bara stillhet. Tystnad. Och ett ständigt hattifnattande.

Snart är det partikongress. Och vad är en kongress utan mod, utan löften som vågar bära tyngden av vår längtan? Vi ser oss omkring och möter ett samhälle som känns trasigt, som om det gått vilse i sin egen historia.

Ett samhälle där det som borde vara enkelt – att få vård, att hitta en bostad, att resa med tåg, att känna trygghet – har blivit till hinderbana efter hinderbana. Vi lever i ett Sverige som känns som en aldrig vilande kamp mot det som borde vara självklarheter.

Och så detta hattifnattande, som om det kunde lappa ihop det som fallit isär.

Vi behöver reformer som andas liv. Reformer som möter det vi ser varje dag. Vi behöver en vård som inte bara överlever utan också helar. En äldreomsorg där de sista dagarna är värdiga, inte fyllda av brister och glömska. Vi behöver bostäder som är möjliga att kalla hem. Vi behöver trygghet när livet går sönder. Vi behöver inte mer administration, fler fina löften utan substans. Vi är trötta på tomma utspel.

Och det är inte svårt att förstå. Vi är vardagens människor. Vi vill bara att samhället fungerar. Ett Post Nord kan hantera våra brev. Att tågen går. Att skolan inte stänger sina dörrar. Att vården möter oss med öppna armar. Att den som är sjuk, arbetslös eller gammal inte lämnas att klara sig själv i skuggan av nedmonterad välfärd.

Vi behöver en politik som inte viker sig för marknadens tryck. Som vågar beskatta de rika. Som vågar ställa krav på banker och företag som utnyttjat oss. Som inte böjer sig för kapitalets krav när det finns människor som lider.

Vi vill känna att den ideologi vi en gång älskade fortfarande lever. Att det inte bara är tomma ord, vackra drömmar som fastnat i historiens damm.

Och vi minns. Vi som har burit tunga bördor minns kampen mot myndigheter som svek. Mot system som körde över oss när vi redan låg ner. Vi som sett föräldrar åldras i undermåliga boenden. Vi som stått i vårdköer och känt tiden rinna ifrån oss. Vi minns, och vi förlåter inte.

Trots allt detta finns en kärlek kvar. En tro på vad socialdemokratisk ideologi kan vara, vad den har varit.

Men kärleken är sliten, nästan förbrukad. Vi känner oss som i en relation där hoppet och förtvivlan slåss om utrymmet. Där vi vill tro att förändring är möjlig, men gång på gång möts av besvikelse.

Så ge oss inget mer prat. Inga teoretiska resonemang. Vi vill ha politiker som ser det vi ser. Som känner det vi känner. Som vågar agera i ett samhälle som ropar efter handling. Ett samhälle som inte orkar mer hattifnattande.

Ge oss reformer. Ge oss ett Sverige som fungerar.

I spegeln frodas kriserna

Vi finns i krisernas tid. Stormar river upp samhällets sprickor. Det vi byggt vilar på en bräcklig grund. Ett system som kväver sig självt. Allt för vinstens skull.

Hur skapar vi en jämlik värld? En värld som inte slukas av klimatets kaos? Kapitalismen skördar liv. Den tömmer oss på resurser. Vi måste förändra den. Vi måste bryta oss loss.

Varje katastrof visar sanningen. Ett system som prioriterar vinst före liv. Bränder som slukar skogar. Jordbävningar som krossar städer. Och vi står där, maktlösa. Produktionen förstör mer än den skapar. Få blir rika. Resten betalar priset.

Det kan inte ignoreras. Det kan inte förklaras bort. Ojämlikheten växer. Sjukdom. Onödigt arbete. Framtiden känns som en avgrund.

Vi talar om systemfel. Men ord räcker inte. Vi behöver handling. Konkreta lösningar. Vi måste bryta storföretagens grepp. Bygga självständighet. Inte genom prat. Genom kamp.

Hopp skapas i handling. Inte i spekulationer. Förändring kräver mod. Det kräver oss. Vi behöver inte bankernas löften. Vi behöver varandra. Vi väntar inte. Vi skapar.

Det finns alltid en annan väg. En ekonomi av hjärtat. Där vi gör det rätta. Inte det lönsamma. Vi föder barn av kärlek. Vi bygger liv på samma grund. Varje handling en protest. Ett motstånd mot kapitalets makt.

Det handlar inte bara om arbete och kapital. Det handlar om människa mot girighet. Framtid mot vinst. De som fruktar förändring ser oss. Och de darrar.

Börsen stiger. Men landet blir inte rikare. Siffrorna växer. Men vår verklighet förändras inte. Kapitalet skapar inget. Det suger ut. Parasiten på vårt samhälle.

Tillväxt när barn går hungriga? Yttrandefrihet när medierna styrs av få? En skymf.

Rikedomen samlas. Men den gör inget gott. Den skapar förstörelse. Ekvationen håller inte. Det som förstörs kostar mer än vinsten. Och vi betalar.

Samtidigt växer extremhögern. Polerade, men lika farliga. De vill styra. Begränsa. Inte befria.

Vi socialister måste stå upp. Inte bara i ord. I handling. Försvara de svaga. Skapa gemenskap. Inte med rädsla. Med hopp.

Du som läser detta. Du som oroar dig. Du är inte ensam. Vi förändrar inte världen själva. Men tillsammans gör vi skillnad. Små ljus i mörkret.

Framtiden är vår att forma. Hopp är inget vi får. Hopp skapar vi. Bredvid kapitalets ekonomi. Finns en annan väg. Solidaritetens väg. Vi måste bara börja. Inte i ord. I handling. Så bygger vi den värld vi vill leva i.

Barnens rätt till trygghet – en nationell skandal som kräver förändring

I Sverige pågår en kris som alltför länge har fått fortgå i skymundan. Våra mest sårbara – barnen – betalar priset för politiska beslut som lämnat familjer i utsatthet. Trots att barnkonventionen är lag i Sverige ser vi hur barns rätt till trygghet och skydd allt för ofta sätts åt sidan. Det är inget mindre än ett nationellt svek.

Barn vräks från sina hem. Tryggheten förloras, skolgången påverkas, och deras framtid riskeras. Detta är inte en olyckshändelse – det är resultatet av politiska prioriteringar som gång på gång har svikit de mest utsatta. Fattigdomen breder ut sig, barnfattigdomen växer, och fler familjer än någonsin tvingas kämpa för att ha råd med mat och hyra.

Statistik visar en dyster verklighet: hundratusentals människor har hamnat i fattigdom de senaste åren. Ensamstående föräldrar saknar flera tusen kronor varje månad för att få ekonomin att gå ihop. För dem är varje nedskärning i bostadsbidrag och andra stöd en katastrof. När hyror höjs och matpriser skenar blir situationen ohållbar, och barnfamiljer ställs inför det ofattbara – risken att förlora sitt hem.

Detta är inte bara en ekonomisk fråga. Det är en moralisk katastrof. Ett samhälle som tillåter barn att kastas ut på gatan har förlorat sin kompass. Att barns rättigheter ignoreras för att balansera budgetar eller tillfredsställa marknadens krav är ett svek mot grundläggande mänskliga värden.

Att vräka barn är att förstöra liv. Ett barn som förlorar sitt hem förlorar inte bara ett tak över huvudet – det förlorar trygghet, stabilitet och möjligheten att känna sig säker. Det påverkar inte bara nuet, utan också deras framtid. När barn tvingas byta skola, förlora vänner och leva i ständig otrygghet, får det konsekvenser som sträcker sig långt bortom barndomen.

Men i stället för att agera ser vi hur politiken förstärker problemen. Bostadsbyggandet riktas mot de som redan har råd, medan barnfamiljer lämnas utanför. Stödinsatser minskar, och lagar har till och med gjort det enklare att vräka utsatta familjer. Det är en politik som inte bara saknar empati utan också fördjupar fattigdomen och splittrar familjer.

Barns rätt till ett hem borde aldrig vara uppe för diskussion. Det borde vara en självklarhet i ett land som Sverige. Ändå ser vi hur politiska beslut underminerar denna grundläggande rättighet. Politikerna har ett ansvar att inte bara reagera på krisen, utan också att förhindra att den uppstår.

Det är dags för en förändring som sätter barnens bästa först. Vi behöver en politik som garanterar att varje barn får växa upp i trygghet, med tak över huvudet och en chans till en ljus framtid. Sverige måste stå upp för barnens rättigheter, inte bara i ord utan i handling. Vi kan inte längre acceptera en verklighet där barn får betala priset för politiska misslyckanden.

Det handlar inte om välgörenhet. Det handlar om rättvisa. Barnens rätt till trygghet och utveckling är inte förhandlingsbar – och vi som samhälle måste kräva att den respekteras.

Omsorg är empati – får inte bli en vara

Ett löfte kan vara något vackert. En intention om förändring, en vision om frihet och värdighet. När min egen kommun Malmö lovade att avskaffa minutschemat i hemtjänsten, lät det som just ett sådant löfte. En utsträckt hand till dem som vårdar och dem som vårdas. En chans att skapa mer mänsklighet, mer tid, mer närvaro.

Liknande löften diskuteras runt om i många andra av landets kommuner. Varningsfinger pekar på att här gäller det att se upp för ett system där omsorgslöften förlorar sin värme. Att det blir en vara där varje minut mäts och vägs som ett ekonomiskt objekt. Och att löften förvandlas till kyliga beräkningar, där effektivitet ersätter empati.

Idag framträder en verklighet som inte handlar om frihet eller tillit, utan om besparingar och avstånd. Det som kunde ha varit en chans att stärka omsorgen, att ge både äldre och personal en bättre vardag, förvandlas till en avhumaniserande process.

När omsorgen blir en vara, upphör den att känna. Tid, som borde ägnas åt närhet och förståelse, bryts ner till sekunder. Tvätten försvinner till anonyma centraler, maten beställs utan möten eller samtal. Städningen mäts och begränsas. Det mänskliga – samtalet vid köksbordet, en vänlig blick, en stilla promenad – försvinner in i en kalkyl som inte värdesätter det som inte kan räknas. Och de äldre, de som omsorgen borde kretsa kring, lämnas ensamma i detta avskalade system.

Den sociala tiden – en stund för att hålla någon i handen, för att bara finnas till – diskuteras nu på sina håll att den ska ersättas med volontärer från välgörenhetsorganisationer. Att exempelvis Röda Korset och PRO får ta hand om det som en gång var självklar omsorg, medan hemtjänstens personal omvandlas till effektiva maskiner som mäts i prestationer. Medicin ska ges, sängar bäddas, kroppar tvättas – men hjärtat i omsorgen försvinner.

Vad händer när den kommunala omsorgen blir något där empati inte längre har plats?

Omsorg kan aldrig reduceras till en känslokall produkt. Omsorg är en mänsklig handling, rotad i förståelse, i relationer, i ömsesidig respekt. När vi gör omsorgen till en vara förlorar vi det mest grundläggande: förmågan att se varandra som människor.

Det är inte bara de äldre som drabbas av detta. Även personalen förlorar. De som en gång hoppades på bättre arbetsvillkor ser nu ännu mindre tid och ännu mer press.

De reduceras själva till en del av maskineriet, där deras engagemang och kompetens inte längre är avgörande. Det som kunde ha varit en möjlighet att skapa en hållbar och mänsklig äldreomsorg har blivit en resa bakåt i tiden.

Våra politiken står inför en avgörande fråga. Ska omsorgen få förbli mänsklig? Eller ska vi fortsätta på en väg där den blir en vara – en produkt som blir okänslig för empati och mänskliga behov?

Omsorg är inte minuter på en lista. Den är inte uppgifter som kan bockas av. Det är en handling som växer ur empati, ur att verkligen se en annan människa. Det är i omsorgen vi möts som jämlikar, som människor. Om vi förlorar den mänskliga kärnan i omsorgen, vad återstår då? Och vad är då ett löfte egentligen värt?

Många kommuner står nu inför ett vägskäl. Ska vi fortsätta reducera omsorgen till en fråga om kostnadseffektivitet, eller våga välja en väg som sätter människan i centrum? För vad är ett löfte om det lämnar efter sig ensamhet och tomhet – istället för frihet och värdighet?

Arbetslösheten biter sig fast – och regering har skygglappar

Hur hamnade vi här? Det är en fråga som ständigt gnager i bakhuvudet. Hur kunde Sverige, som en gång var en förebild i världen för stabilitet och innovation, sjunka till botten av EU:s arbetslöshetsstatistik? Hur kan vi stå bredvid länder som Spanien och Grekland när det gäller bristen på jobb?

Jag är förbannad. Inte på de arbetslösa, inte på omvärlden eller på omständigheter som pandemin eller krig. Nej, min ilska riktas mot den regering som med öppna ögon låtit detta ske.

Det är 10 procent av Sveriges arbetsföra befolkning som står utan arbete idag. Siffran borde få klockor att ringa på alla ministerposter. Det borde vara ett nödläge, en kris som kräver samordning, krafttag och idéer.

Men vad gör regeringen? Jag ser inga stora reformer. Jag hör inga lösningar. Det enda jag ser är en stram finanspolitik som påstås bekämpa inflation – en sanning som blivit mer en ursäkt för passivitet än en faktisk strategi.

Vi ser effekten av en förlorad väg. Under de senaste åren har Sverige fått utstå mycket. Höjda räntor har gjort det redan skuldsatta folket än mer pressat. Varenda löneökning som någon lyckats förhandla sig till har snabbt slukats av skyhöga priser på allt från mat till el. Svensk industri, som en gång var vår stolthet, riskerar att bli omsprungen av andra länder som inte bara tänker framåt utan också agerar. De investerar. De planerar. Vad gör vi? Vi bromsar. Vi låter möjligheter rinna oss ur händerna.

Det är inte bara siffror som drabbar oss – det är människor. Nästan vart femte barn växer nu upp i ekonomiskt utsatta hushåll. Fattigdomen breder ut sig i ett av världens mest välmående länder. Hur kan vi acceptera det? Hur kan de styrande inte förstå att varje arbetslös person inte bara representerar en människa utan en familj, en framtid, en dröm som går i kras?

Svältkur i välfärden. Och vad gör regeringen för att möta detta? De sätter kommuner och regioner på svältkur. Vård och omsorg går på knäna, och i stället för att stärka arbetsmarknadspolitiken, låter man arbetsmarknadsutbildningar tyna bort. Det gör mig rasande. Här har vi en möjlighet att rusta arbetslösa för de jobb som faktiskt finns – och vi låter den gå förlorad.

Byggsektorn? Den står still. Jag kan inte förstå hur en regering kan vara så kortsiktig. När vi väl vill bygga bostäder igen, när behovet återigen växer, kommer vi sakna både kompetens och kapacitet. Och då är det för sent. Det här är inte bara en kris; det är ett monumentalt misslyckande av politiskt ledarskap.

När ska vi säga stopp? Nu sjunker inflationen och räntorna är på väg ner, men effekten märks inte. Den här lågkonjunkturen har bitit sig fast som en envis parasit. Jag frågar mig: när ska vi som medborgare kräva mer? När ska vi säga att det här inte är okej? Det är regeringens ansvar att agera, att hitta lösningar, att leda. Men just nu ser jag inget ledarskap. Jag ser tystnad, undanflykter och ett svek mot varje svensk som vill jobba men inte får chansen.

Regeringen borde vara rädd. Rädd för vår ilska. För den växer. Och om de inte klarar av att lösa arbetslöshetskrisen, om de inte ens vågar försöka – varför ska vi låta dem fortsätta styra?

Att vara vid liv

Jag sitter ensam med mina tankar. Och solen lyser med sin frånvaro. Hösten börjar göra sig påmind. En kall vind drar genom gatorna, och jag kan inte låta bli att undra om det är en spegling av den kyla som alltmer präglar våra relationer och vårt samhälle. Varför har vi blivit så här? Hur har vi kunnat förlora så mycket av det som en gång gjorde oss mänskliga?

Det sägs att människan i grund och botten är god. Men om det stämmer, varför ser vi så mycket ondska omkring oss? Vad är det som får oss att släppa fram det sämsta inom oss? Varifrån kommer denna outtömliga källa av själviskhet som så många tycks ösa ur?

Girigheten har blivit som en sjukdom som sprider sig obehindrat, och det verkar som om vi alla är smittade. Den starkes rätt har blivit en dygd, medan empati och medkänsla betraktas som svagheter.

Jag kan inte låta bli att fråga mig själv: Vem är det som odlar dessa taggiga armbågar som människor tycks använda för att stöta undan varandra? Hur kommer det sig att vi har blivit så misstänksamma mot allt som är annorlunda?

I stället för att möta det okända med nyfikenhet, väljer vi att möta det med rädsla och förakt. Det är som om vi har glömt bort att det som skiljer oss åt också kan berika oss.

Och vad är det som har hänt med vår förmåga att känna med andra? När slutade vi se den andres smärta som vår egen? Det är frågor som ekar i mitt sinne. Vem är det som har gjort oss så kalla, så likgiltiga inför andras lidande? Det är som om vi har byggt murar omkring våra hjärtan, murar som hindrar oss från att se den enskilda människan bakom statistiken, bakom den anonyma massan.

Vi lever i en tid där vi alltmer värderar materiella framgångar, där lycka mäts i ägodelar och status snarare än i mänskliga relationer. Men till vilket pris?

När blev änkans lilla gåva – en symbol för medmänsklighet – något att håna? När började vi se välgörenhet som ett hot, snarare än som ett uttryck för gemenskap och omsorg?

Det är som om vi har blivit blinda för det som verkligen betyder något. Vi jagar efter framgång och rikedom, men i denna jakt förlorar vi det mest värdefulla – vår mänsklighet.

Är vi så förblindade av våra egna begär att vi inte ser vad som håller på att hända? Har vi verkligen låtit våra själar förtvina under trycket av ständig konkurrens och individualism?

Men jag vägrar tro att allt hopp är förlorat. Jag vill tro att det fortfarande finns en möjlighet att återvända till en tid då solidaritet och medkänsla var självklarheter, inte undantag. Vi måste bara stanna upp, våga reflektera, och våga förändra.

Det är en utmaning, utan tvekan. Men det är en utmaning vi måste anta, om vi inte vill förlora oss själva. Vi måste börja med att se varandra – verkligen se varandra – som medmänniskor, inte som hinder eller hot. Vi måste börja värdera de band som binder oss samman, snarare än de saker som skiljer oss åt.

Jag tror på mänsklighetens kraft. Jag tror på vår förmåga att förändras, att bli bättre. Men det kräver mod – mod att stå emot de krafter som försöker få oss att tro att egoism och girighet är vägen framåt.

Vi måste våga tro på något större än oss själva, på en värld där vi alla kan leva tillsammans, som jämlikar, som bröder och systrar.

Detta är inte en dom över människan, utan ett rop på uppvaknande. Vi har alla ett ansvar att bära, ett ansvar att göra världen till en bättre plats. Låt oss inte glömma det.

Låt oss inte tappa bort vad det innebär att vara människa.

I eftersatthetens tid

De säger att skulderna växer
Men jag ser människor som krymper
Axlar som sjunker under tyngden
Blickar som viker sig inför prislappar och räkningar
Hur många dagar kan man andas
När luften är gjord av oro.

De säger att hjälpen finns.
Men händerna som sträcks ut når aldrig fram
De faller tomma
Som pappmuggar på marken
Medan hunger blir en vana
Och skorna som slits aldrig ersätts.

Det är tyst där det borde vara ett vrål.
Ett tystnadens vakuum
Där barnens behov fylls av nej
Nej till aktiviteter. Nej till nya kläder
Nej till drömmar som kostar för mycket.

De säger att krisen är övergående
Men jag ser hur den fastnar i människors kroppar
I rynkor som formas av nattliga räkningar
I händer som räknar mynt i stället för tid

Hur lange kan man stå upprätt
När marken hela tiden ger vika.
Där mål om full sysselsättning övergivits
Till förmån för en kvartalsekonomi.

Och jag undrar
Vem vågar tala om det som skaver?
Vem vågar möta de blickar som slutat hoppas?
För tystnaden är ingen tillflykt
Och framtiden har redan börjat skälva.

De bortglömda byggarna av vårt välstånd

Det är svårt att inte känna en djup skam över hur Sverige behandlar sina pensionärer. De människor som med hårt arbete och uppoffringar byggt vårt samhälle, står idag i skuggan av ett system som svikit dem. Ett helt liv av slit borde leda till trygghet – inte till att behöva välja mellan mat och tak över huvudet.

Pensionen, den sista delen av livets ekvation, har blivit ett brutet löfte. Det som en gång utlovades som en grund för trygghet och värdighet har reducerats till ett system som snarare symboliserar svek. För många äldre är den allmänna pensionen så låg att den inte ens täcker basala utgifter. Ensamstående kvinnor är särskilt utsatta; de står ofta med inkomster under fattigdomsgränsen.

Statistik visar att 72 procent av våra äldre måste förlita sig på bidrag för att överleva. Samtidigt ökar antalet skuldsatta pensionärer – särskilt kvinnor över 65 år. De söker skuldsanering hos Kronofogden för att hantera skulder som de aldrig kan betala tillbaka. Detta är inte värdigt ett land som kallar sig rättvist eller modernt.

Hur hamnade vi här? Dels handlar det om strukturella faktorer. Kvinnor har ofta tagit större ansvar för familjen, jobbat deltid eller tagit ut mer föräldraledighet. Många kvinnor utsätts för lönediskriminering. Detta har resulterat i lägre pensioner. Men det handlar också om en politisk blindhet. I en tid när våra politiker talar om reformer för framtiden, verkar de glömma de som redan nu står mitt i krisen.

Pensionen är inte en marginalfråga. Den är kärnan i samhällskontraktet. Det kontrakt som säger att om du arbetar hårt och bidrar, ska samhället ge tillbaka när du behöver det som mest. Men idag är detta kontrakt trasigt. Våra äldre står kvar med sin ekonomiska oro, medan de som borde agera väljer andra politiska slagfält.

I ett Sverige som länge stoltserat med sin välfärdsmodell, där förskola och äldreomsorg byggts för att avlasta familjerna, är detta en tragedi. Vi utmärker oss numera som landet med den högsta andelen fattiga pensionärer i Norden och i Europa. Detta borde vara en nationell skamfläck.

Men vad säger detta om oss som samhälle? Om vi tillåter de som byggt vårt välstånd att glida ner i fattigdom och skuld, vad blir kvar av vår självbild som en rättvis nation?

Det är dags att vi återvänder till grunderna. Pensionerna måste reformeras – inte genom små justeringar som äts upp av ökade levnadskostnader, utan genom en övergripande omstrukturering som värnar om de äldre. Det handlar om respekt. Respekt för dem som lagt grunden till det välstånd vi åtnjuter idag.

Det är inte värdigt att våra pensionärer ska behöva vända sig till sina barn för hjälp eller att skuldsanering blir den enda utvägen. Det är inte värdigt att generationer som burit upp Sverige ska mötas av politisk tystnad.

Sverige har råd att göra bättre. Men frågan är om vi har viljan. Våra pensionärer förtjänar mer än tomma ord – de förtjänar handling, trygghet och den värdighet de arbetat för ett helt liv. Låt oss visa att vi är ett samhälle som tar hand om sina egna.

RÖSTEN MÅSTE STÄRKAS

Vi står här, vid kanten av dåtid och nu,
en rörelse med minnen som tyngd.
Är det kris eller möjlighet?
Hur många steg krävs för att nå kraften,
den vi en gång ägde,
innan vägen försvann i dimman?

Jag ser en värld som ropar efter förändring. Det är en tyst längtan som genomsyrar allt, en uppfordrande tystnad som ekar genom varje människas berättelse. Vi går på samma jord, andas samma luft, blickar mot samma himmel, men ändå känns avståndet mellan oss oändligt.

Högern har nu styrt vår väg i fyrtio års tid. De har drivit oss bort från det vi en gång kämpade för, och även när socialdemokratin haft makten, har vi tvingats böja oss för borgerlighetens krav.

Resultatet är tydligt: inkomstklyftorna har fördjupats, och klyftan mellan de som har och de som aldrig får har vidgats. Fritidsgårdar stängs, skolans resurser krymper, och de få resurser som finns sprids för tunt. Barn som behöver trygghet och omsorg möts av tomma salar och stängda dörrar. Samtidigt bygger borgerligheten fängelser för unga, för de barn vi har svikit.

Det fyller mig med sorg och vrede, för detta är inte den framtid jag vill se. Vi behöver makthavare som verkligen vill uppnå jämlikhet.

Jämställdhet och rättvisa handlar om mer än ord – det handlar om fördelning av ekonomiska medel och rättigheter. Det är en fråga om frihet, en fråga om klasskamp.

Socialdemokratin måste återfinna sin röst och sina företrädare, de som har den rätta tonen och lyckas vara både folkliga och genuina i en värld där få politiker klarar av att nå fram. Försök till optimism från partierna känns flyktiga, som om de redan har gett upp innan de ens har börjat. Varför är det så?

Jag tror att det handlar om rädsla, en brist på mod och viljan att ta risker. Svenska partier vågar sällan pröva något nytt. De är rädda för att deras politiker ska trampa snett, bli granskade av media och dömda av väljarna. Men i sin strävan att undvika misstag begår de den största felbedömningen av alla – de gör sina politiker till robotar, utan mänsklighet, utan själ.

Det handlar också om partikultur. De som lyckas klättra inom partierna väljer ofta sina medarbetare baserat på lojalitet snarare än kompetens och nytänkande, och på så sätt kvävs kreativiteten och förnyelsen uteblir.

Vi behöver politiker som inte har tröskats igenom hela partiapparaten, utan som kommer in som en frisk fläkt, redo att bryta ny mark och föra in nya perspektiv.

Vi måste satsa på våra barn och ge dem den uppmärksamhet de förtjänar, särskilt de mest utsatta. Förskolorna behöver färre barn per pedagog, skolorna mer personal, fritidsgårdarna måste vara öppna och gratis för alla, föreningslivet måste uppmuntras och stödjas eftersom de är viktiga demokratiambassadörer.

Äldre borde också engageras – de har så mycket att ge, och deras erfarenhet kan bli en stor tillgång och göra skillnad. Våra äldre har ett stort erfarenhetskapital, som inte får försvinna i intet.

Jag minns 60-talet, när invandrare kom och möttes av misstänksamhet, som om de var främlingar i sitt eget land. Men de har arbetat, betalat skatt och byggt vårt samhälle, och ändå står de ofta utan de rättigheter de förtjänar. De som har utbildat sig, lärt sig språket och skaffat ett jobb, ska inte utvisas – de ska stanna och bli medborgare, för de är en del av oss, en del av det vi är.

Någonstans längs vägen tappade vi målet. Vårt utbildningssystem, som en gång skulle ge alla möjlighet att blomstra, har blivit ett system där bara akademiker räknas. Elever med praktiska talanger glöms bort, samtidigt som vi har en brist på hantverkare och tekniskt yrkeskunniga. Hur kunde vi låta det ske?

Vi måste reformera skolan, vården och arbetslivet. Vi måste skapa ett samhälle där alla har en plats, där varje människa räknas och varje insats värderas. Arbetstiden borde sänkas till 30 timmar i veckan, så att vi får mer tid för livet, för det som verkligen betyder något. Särskilt i yrken som sliter på kroppen borde detta ske redan nu, inte senare.

Själv tillhör jag den äldre generationen, och jag har sett mycket. Jag har upplevt samhällsförändringarna och sett både framgångar och hot.

Just nu står vid ett vägskäl, och det är upp till oss att välja rätt. Nästa val måste bli ett regeringsskifte, annars finns risken att allt vi har byggt upp blir brunt.

Det handlar om vår framtid, om den värld vi lämnar efter oss. Jag hoppas innerligt att vi väljer rätt, att de blir en väg mot rättvisa, solidaritet och en bättre framtid för alla.

Eftersatthetens gissel

Varje dag möts jag av nya rubriker om våld, rån och mord. Det är som om nyhetsflödet svämmar över av brott, så många att jag nästan börjar känna mig avtrubbad.

Men jag vet att under ytan, bakom den där tunga känslan av resignation, växer ilskan och frustrationen. Hur kunde det bli så här? Hur hamnade vi i den här situationen, där våldet blivit en del av vardagen?

Jag hör politikerna prata om lösningar – fler poliser, mer övervakning, hårdare straff.

De säger det med en självklarhet, som om det vore svaret på allt. Och visst, det kan säkert vara en del av lösningen. Men innerst inne känner jag att det bara är att skrapa på ytan.

Vi är skyldiga oss själva att vara ärliga här: inget av detta kommer att göra någon verklig skillnad så länge vi inte tar itu med samhällets grundproblem. Hur kan vi förvänta oss att stoppa våldet om vi inte ens försöker förstå varför ungdomar dras till kriminaliteten från första början?

Mina tankar vandrar till Danmark, ett land som ofta lyfts fram som ett föredöme när det kommer till tuffa tag mot kriminalitet. Men det är något som skaver här. Hur många vet egentligen att de danska fängelserna nu är överfulla? Att de blivit grogrunder för nya, ännu farligare nätverk? Det är sällan man hör om detta i den svenska debatten. I stället glorifieras de hårda straffen, medan man ignorerar det som verkligen fungerat i Danmark – det förebyggande arbetet.

Danmark har förstått något som jag tror att vi i Sverige missar. Där satte sig regering och opposition ner tillsammans, kom överens om långsiktiga satsningar, satsningar som överlevde maktskiften.

Det handlade om ett samarbete mellan polis, socialtjänst

och skola – ett intensivt sådant. Barn i riskzonen identifierades och fick stöd, mentorsprogram startades, och ungdomsbostäder i utsatta områden ordnades fram. Det var en helhetslösning, där varje del av samhället tog sitt ansvar.

Men här i Sverige? Här ser jag hur Tidöpartierna med tveksam entusiasm närmar sig det förebyggande arbetet, medan Socialdemokraterna skickar ut broschyrer om gängens rekryteringsmetoder. Broschyrer. Som om några pappersark skulle kunna lösa problem som byggts upp under decennier av eftersatt politik och växande klyftor.

Jag kan inte låta bli att tänka att det är just detta eftersatta samhälle som är själva grunden till gängkriminaliteten. Ett samhälle som konsekvent misslyckats med att ta hand om sina medborgare, där ekonomiska klyftor och ojämlikhet har fått frodas.

Vi behöver en genomgripande politisk insats för att komma i kapp, för att återigen skapa ett samhälle där alla har en chans.

I detta är jag övertygad om att vi behöver en ny ekonomisk modell, en som inte är riggad för att belöna kortsiktiga vinster inom näringslivet och banksektorn. Social välfärd måste prioriteras.

För om vi inte gör det, om vi fortsätter att bara lappa och laga, så kommer vi aldrig att kunna bryta den onda cirkeln.

Gängkriminaliteten är inte en isolerad företeelse – den är en spegelbild av ett samhälle som misslyckats. Och det måste tas på djupaste allvar.

Barnfattigdomen ökar

Det är inte acceptabelt
att barn fryser i vintervinden,
att kylan går genom tunna lager
som om ingen ser.

Det är inte acceptabelt
att pengar avgör om en dörr öppnas,
om ett barn får vara med
eller lämnas utanför.

Det är inte acceptabelt
att hungern växer i magen,
att varje tugga räknas,
att måltider blir till matematik.

Det är inte acceptabelt
att vräkningar räknas i hundratal,
men namnen på barnen
försvinner i statistiken.

Det är inte acceptabelt
att skammen bor i deras blickar,
att oron blir deras följeslagare,
att de tystnar när frågorna blir för många.

Det är inte acceptabelt
att politiken går i cirklar,
att besluten tvekar,
att barnens rättigheter förblir ord på papper.

Det är inte acceptabelt
att vi som ser detta,
som vet,
inte gör allt för att det ska upphöra.

64

En nation i behov av händer men med knutna nävar

Det blåser hårda vindar över Sverige. Inte bara i form av kalla vinterstormar, utan i den politiska debatten där röster höjs för att stänga gränser och för att uppmuntra människor att lämna landet. Samtidigt växer extremismen i skuggorna, gödd av rädslor och förenklade svar på komplexa frågor. Men mitt i detta tumult verkar vi ha tappat bort något grundläggande: verkligheten.

Verkligheten där Sverige står inför en demografisk utmaning som hotar att bli vår kanske största framtida kris. Svenskt Näringsliv och Sveriges Kommuner och Regioner (SKR) har redan varnat oss. Vi har inte råd att dra åt snaran kring invandringen. Vården skriker efter personal. Byggsektorn stannar upp i brist på händer. Företagen letar med ljus och lykta efter kompetens som inte finns att hitta. Samhällets maskineri börjar hacka, och ändå ropas det på återvandring och stängda gränser.

Det är inte bara en paradox. Det är ett självskadebeteende.

Hur kan ett land med en åldrande befolkning och en skriande kompetensbrist vända ryggen åt de människor som vill bidra? De som vill arbeta, utvecklas och bli en del av vår gemenskap. I stället för att bygga broar drar vi upp murar. Debatten präglas av misstänksamhet, rädsla och exkludering. Vi verkar ha glömt att samhällen aldrig har växt genom isolering, utan genom öppenhet och samarbete.

Det handlar inte om att blunda för utmaningar. Integration är ingen enkel process. Men att tro att lösningen är att stoppa inflödet av människor som kan bli framtidens sjuksköterskor, ingenjörer och företagare är att såga av den gren vi själva sitter på. Vi behöver fler som kan bära upp välfärden, inte färre.

Retoriken om stängda gränser har blivit en bekväm lösning för politiker som vill visa handlingskraft. Men problemen som Sverige står inför löses inte med slagord och förenklade svar. De löses med långsiktighet, mod och insikten om att vi är beroende av varandra – både inom landets gränser och bortom dem.

Vi står vid ett vägskäl. Antingen fortsätter vi på en väg där rädslan styr och dörrar stängs. Eller så väljer vi att se verkligheten som den är och öppnar upp för den kraft och potential som invandring faktiskt innebär.

Frågan vi måste ställa oss är enkel men obekväm: Har vi råd att tacka nej till framtiden?

Därför ska vår välfärd på alla sätt försvaras och utvecklas

Jag har alltid sett välfärden som en självklar del av vårt samhälle – en trygghet som funnits där från barnsben, en grundsten i det svenska folkhemmet.

Den är inte bara ett system av bidrag och tjänster, utan en livsnödvändighet för oss alla, oavsett var vi befinner oss i livet. När vi blir sjuka, när vi behöver utbildning, när vi blir äldre eller när livet tar en oväntad vändning – då är det välfärden som ska hålla oss uppe.

På senare tid har jag börjat känna en växande oro. Det finns de som ser vår gemensamma välfärd som något att utnyttja, som en outtömlig resurs att mjölka för egen vinning. Och de ser inte välfärden som den trygghet och det rättvisesystem den är tänkt att vara, utan som en affärsmöjlighet, ett sätt att berika sig själva på bekostnad av oss alla.

För mig är det tydligt: de som profiterar på vår välfärd, som skär guld med täljkniv genom att exploatera skattemedel avsedda för sjuka, äldre och utsatta – de är våra motståndare.

Jag tänker på de vinstdrivande bolagen som tar över äldreomsorgen och sedan skär ner på personal, kvalitet och resurser för att kunna plocka ut miljarder i vinst.

Jag tänker på aktörer inom sjukvården som sätter sina ekonomiska intressen före människors hälsa.

Och jag tänker på de fuskare och bidragsbrottslingar som ser våra gemensamma resurser som en personlig inkomstkälla.

De undergräver tilliten till hela systemet, och de gör det på bekostnad av oss alla som bidrar med våra skatter och avgifter.

För mig är välfärden en fråga om rättvisa. Den handlar om att ingen ska lämnas utanför, men också om att alla ska bidra efter förmåga.

Vi har byggt detta system tillsammans, och det gör mig störtförbannad när vissa ser det som en chans att sko sig själva, medan andra kämpar för att få vardagen att gå ihop.

Jag vägrar acceptera en sådan utveckling. Den måste motarbetas. Välfärden är vårt gemensamma ansvar. Den måste försvaras mot de krafter som försöker urholka den inifrån, och som sätter vinst före människovärde.

Vi måste med kraft säga ifrån när skattepengar hamnar i fel fickor, när skolor privatiseras och segregationen ökar, när sjukhusen går på knäna medan vinstutdelningarna ökar.

Jag tror på en välfärd där resurserna används där de behövs – i vårdcentralerna, på äldreboendena, i skolorna och på arbetsförmedlingarna. En välfärd där ingen behöver oroa sig för att gå till läkaren, där varje barn får samma chans i livet och där tryggheten finns kvar även när man blir äldre.

Att försvara och utveckla välfärden är inte bara en politisk fråga, det är en mora-lisk skyldighet. Vi som tror på ett rättvist samhälle får aldrig backa, aldrig ge efter för de som vill plocka isär det vi byggt upp. Vi måste stå upp för välfärden – för vår egen skull, för våra barns skull och för framtiden.

De som utnyttjar systemet för egen vinning är inte bara en belastning – de är ett hot. Och det är ett hot vi måste ta på allvar.

Välfärden är vårt gemensamma arv, och det är upp till oss att försvara den, utveckla den och se till att den finns kvar för alla – inte bara för de som kan betala för sig själva.

Välfärdens klagan

Jag var aldrig tänkt att vara en vara,
ett pris att jämföra,
en enkel rad i någon annans bokslut.
Jag föddes ur hoppet om det gemensamma,
ur tanken att ingen ska stå ensam.
Inte i sjukdom, inte i sorg,
inte i mötet med det som kräver mer än vi orkar bära.

Men nu har jag slitits sönder.
Jag ligger utlagd på marknaden,
ett lapptäcke av klickbara val och glättiga logotyper.
Ni har blivit kunder, inte medborgare,
och jag ser på när ni famlar efter klarhet,
när ni söker trygghet i ett system
som sätter pris före behov.

Hur kunde vi hamna här?
Hur kunde vi låta vinstens hunger
göra vården blind,
låta den fria etableringen
urholka det som en gång var heligt?
Vem bestämde att det självklara skulle bli komplicerat,
att rättigheten skulle bli en vara?

Jag känner hur jag förlorar fotfästet,
hur de som behöver mig mest
hamnar längst bak i kön,
hur ojämlikhetens klyftor växer
som sår i min kropp.

Men hör mig nu:
Jag är inte borta.
Jag lever i er kamp,
i era krav,
i era röster som vägrar tystna.
Jag kan bli hel igen,
om ni vågar stå emot,
om ni vågar sätta gränsen här:
Inte längre. Aldrig mer.

Jag är välfärden,
och jag ropar till er.
Ta mig tillbaka.
Ta oss åter.

Revirens betydelse i en föränderlig tid

Blickar jag tillbaka på min tid som en aktiv del av arbetslivet framträder en annan verklighet än den vi ser idag. Det känns som om både vårt sätt att betrakta arbete och samhällets grundläggande struktur har förändrats radikalt.

För mig var arbetsplatsen inte bara en plats för att tjäna sitt uppehälle; det var en arena för identitet och sammanhang. Där fann jag en naturlig rytm, en gemenskap och en känsla av att bidra till något större än mig själv. Arbetskamraterna blev som en förlängning av familjen, och vardagen fylldes av en trygg förutsägbarhet.

Men idag ser jag ett samhälle där arbetslivet inte längre fyller den centrala roll det en gång hade. Arbetslösheten är hög, och för många som står utanför arbetsmarknaden är det som om livet har ställts på paus. Utanförskapet är inte bara ekonomiskt utan också existentiellt.

När en arbetsplats – en plats för rutiner, möten och samarbete – saknas, krymper livsutrymmet. Många hamnar i ett vakum där det är lätt att känna sig osynlig, nästan bortglömd av samhället. Det är som om vi bygger murar kring dem som inte längre passar in i normen, och deras känsla av alienation växer.

Samtidigt ser jag en annan förändring som påverkar oss på djupet: de personliga revirens upplösning.

Förr var tillhörighet något som skapades av fasta punkter i livet – familjen, grannskapet, skolan och arbetsplatsen. Det var vanligt att människor stannade kvar i samma kvarter där de växte upp, omgivna av kända ansikten och platser som knöt samman vardagen.

Men idag har rörligheten blivit normen. Vi flyttar mellan städer, byter bostäder och arbetsplatser i en ständig jakt på bättre möjligheter. Med detta följer en känsla av rotlöshet; de sammanhang som en gång gav oss trygghet och gemenskap suddas långsamt ut.

I takt med att dessa gamla strukturer försvinner blir det tydligt att vi förlorar något fundamentalt. De sociala banden som förr vävdes samman genom våra revir, de som gav en stabil grund att stå på, är idag svagare än någonsin. Och detta får särskilt allvarliga konsekvenser för dem som står utanför arbetslivet, som redan befinner sig i en sårbar position.

Att inte ha en tydlig plats i samhället kan förvandlas till en känsla av rotlöshet, där det blir svårt att hitta ett sammanhang som ger mening och mål.

Men i denna föränderliga tid måste vi också lyfta blicken och reflektera över hur vi kan möta dessa utmaningar.

Om vi inte längre kan förlita oss på arbetsplatsen som den huvudsakliga arenan för gemenskap, måste vi skapa nya rum där människor kan känna tillhörighet. Och här spelar föreningslivet en avgörande roll. Genom föreningar – oavsett om de är knutna till sport, kultur eller samhällsengagemang – kan vi återskapa de band som håller oss samman.

Föreningslivet erbjuder inte bara en möjlighet till social samvaro utan fungerar också som en demokratisk skola, där vi lär oss att samarbeta, fatta gemensamma beslut och ta ansvar för varandra. Det är en plats där individens behov möter kollektivets, och där nya nätverk av stöd och samhörighet kan byggas.

Vi måste också ompröva arbetslivets roll. Kan vi skapa fler arbetsplatser som inte bara fokuserar på produktivitet utan också på att bygga gemenskap och inkludering? Kan vi hitta sätt att stärka lokal identitet och stabilitet i ett samhälle som präglas av rörlighet och förändring? Kanske är det här som det lokala initiativet, den lilla föreningen eller grannskapets gemensamma projekt kan spela en avgörande roll.

Trots alla förändringar kvarstår en sak: det mänskliga behovet av att höra till. Oavsett om det handlar om arbetsplatsen, grannskapet eller föreningslivet är vår strävan efter samhörighet lika stark som någonsin.

För att möta dagens utmaningar krävs det att vi tillsammans bygger upp nya strukturer som ger människor mening och sammanhang. Det är en uppgift vi inte får blunda för.

För om vi låter främlingskänslan breda ut sig riskerar vi att förlora något av det allra viktigaste: känslan av att vara en del av ett större vi.

Fångar i marknadens nät

De fria krafterna driver oss,
och vi undrar,
kan vi fortfarande styra?
Verktygen ligger i våra händer,
men är de för gamla, för slitna?
Vem vågar utmana,
när marknaden har blivit den nya lagen?

Privatiseringsvågen som svept över våra samhällen under de senaste decennierna har ofta framställts som en frihetens revolution. Valfrihet och individuell makt har varit slagorden, men under ytan har något annat växt fram: en tillvaro där de många förlorar och de få vinner, där vi som medborgare gradvis förvandlats till kunder och där våra gemensamma rättigheter säljs ut som varor på en marknad som aldrig tycks mättas.

Vi lovades frihet, men har vi verkligen blivit friare? I stället för att garantera trygghet och stabilitet ser vi nu hur marknadens mekanismer gör oss sårbara. Tjänster som tidigare var samhälleliga rättigheter – välfärdstjänster som vård, omsorg, utbildning och kollektivtrafik – omvandlats till produkter, något vi förväntas köpa. Det gemensamma samhällskontraktet, där vi solidariskt bidrog till allas bästa, har urholkats och ersatts med individuella avgifter och illusionen av valfrihet.

Valfriheten är en snedvriden spegelbild av det den utger sig för att vara.

När vi står inför valet av en elleverantör, ett pensionssparande eller till och med vilken skola våra barn ska gå i, inser vi hur begränsade våra alternativ faktiskt är. Det är inte sällan samma produkter och tjänster i olika förpackningar – skillnaderna är ytliga och oftast irrelevanta. Det vi egentligen väljer är hur mycket mer vi är villiga att betala.

Ta elmarknaden som exempel. Det hävdas att avregleringen har öppnat för fler aktörer och konkurrens, men för oss konsumenter känns det snarare som en labyrint av otydliga avtal och dolda avgifter.

När elpriserna skenar är det vi som betalar notan, medan företagen fortsätter göra vinster – på vår bekostnad. Detsamma gäller pensionssystemet, där våra sparade pengar används som spekulationsobjekt på finansmarknaden.

Varför kan vi inte få ett alternativ där våra pensionskonton förvaltas direkt av Riksbanken, tryggt och utan de avgifter som långsamt urholkar våra framtida möjligheter? Men det är förstås inte där vinsterna finns – för dem som redan kontrollerar spelet.

Kapitalismen, med sin hunger efter tillväxt och vinst, har blivit ett självändamål. Marknadens krafter har släppts fria, ohämmade och ofta bortom demokratisk kontroll. Det som en gång var ett verktyg för att förbättra människors liv har förvandlats till en dominans som styr oss, snarare än tvärtom.

Våra samhällen byggdes på tanken om gemenskap, där vi tillsammans kunde skapa trygghet och möjligheter för alla. Nu står vi mitt i en verklighet där det gemensamma har styckats upp och sålts ut, och där vi som individer förväntas bära bördan själva.

Samtidigt blir klyftorna i samhället allt djupare. De mest utsatta – ungdomar, ensamstående föräldrar, invandrare – drabbas hårdast av detta system. För dem är valfriheten inte bara en illusion, utan en börda.

Det handlar inte längre om att välja mellan olika lösningar, utan om att försöka överleva i ett system där alternativen är lika otillräckliga. Och ändå är det tyst. Var är debatten om detta? Varför är det så få som vågar tala om den nya verkligheten vi lever i?

Vad som stör mig mest är den cyniska retoriken. Vi matas med ord som »kundfokus« och »individuell frihet«, men dessa ord har förlorat sin mening. I praktiken handlar det om att flytta kostnader från det gemensamma – finansierat via skatter – till individen. Vi tvingas betala mer, men får mindre tillbaka. Den fria marknaden är inte fri för oss – den är bara fri för dem som har råd att utnyttja den.

Det här är inte bara en ekonomisk fråga; det handlar också om vår känsla av gemenskap. Privatiseringen och individualiseringen har eroderat den samhällsanda som en gång höll oss samman.

När allt fler tjänster privatiseras och vi förväntas klara oss själva, förlorar vi inte bara ekonomisk trygghet utan även den solidaritet som gjorde att vi kände oss som en del av något större. Det som en gång var ett gemensamt projekt har blivit en kamp för överlevnad, där de starkaste drar det längsta strået och resten lämnas bakom.

Så hur hamnade vi här? Och hur blev vi så förblindade av marknadens löften att vi glömde vad som verkligen betyder något?

Vi behöver en ny riktning – en där vi åter sätter gemenskap och rättvisa i centrum. Det handlar inte om att vara emot förändring, utan om att ifrågasätta vilken typ av förändring vi vill ha. Ska vi fortsätta låta marknadens krafter styra, eller ska vi börja bygga och ta tillbaka det vi förlorat?

Vi behöver påminna oss om vad frihet och valfrihet egentligen betyder.

Verklig frihet handlar inte om att välja mellan dyra alternativ; det handlar om att ha en grundläggande trygghet, en stabilitet som gör att vi kan leva våra liv utan ständig oro – ha en trygg tillvaro.

Det är dags att vi återtar kontrollen – över våra liv, vårt samhälle och våra framtidsmöjligheter. Det är inte bara en fråga om politik; det är en fråga om vilka vi vill vara som samhälle.

Jag – en kund

Här sitter jag, ser förändringen,
en värld där löften om frihet klingar falskt.
Vi, som en gång var medborgare,
Är nu kunder i ett spel vi inte bad om att spela.

Vi köper vård, vi köper liv,
men vad är det vi verkligen köper?
Kunskapen om vad som är bäst,
är den värd att ha? Eller är vi blinda,
styrda av en marknad som bara vill ha mer?

De säger att vi har val,
men valen är skuggor,
dolda bakom prislappar och reklam.
Privatiseringens klyfta växer,
och vi, vi betalar med våra liv,
våra drömmar, våra sparade slantar.

Våra pensionspengar,
våra framtidsdrömmar,
de blir bränsle i en maskin som aldrig mättas.
Och vi står kvar, tomhänta,
med illusionen av frihet som vår enda tröst.

Så frågar jag mig själv,
frågar jag dig,
är det detta vi vill?
En värld där valfrihet är ett ord utan mening,
där vi betalar mer för mindre,
där vi blir till en siffra i någon annans balansräkning?

Här sitter jag, ser förändringen,
och undrar – när blev vi så små,
när gav vi upp rätten att vara hela,
och nöjde oss med att bara vara kunder?

Under skuldens skugga

Morgonen är tyst, kaffet ångar i koppen, men mina tankar är långt från lugna. Det är svårt att ignorera den tunga insikten som tränger sig på – Sverige står inför ett skuldberg som växer i en rasande takt.

Bakom siffrorna, som har nått rekordhöjder på 129 miljarder kronor i augusti 2024, döljer sig livsöden. På bara ett halvår har antalet ansökningar om betalningsföreläggande till Kronofogden ökat med 11 procent.

Även om vissa rapporter talar om en ekonomisk ljusning är det svårt att tro att vi befinner oss på väg mot något bättre.

Hur länge ska detta fortsätta? Jag tänker på de som dagligen fastnar i skuldfällan. I dag har omkring 420 000 personer i Sverige aktiva skulder hos Kronofogden. De är inte bara siffror i en statistik. De är människor med namn, ansikten och liv som påverkas på sätt som ofta förblir osynliga för samhället i stort.

Skuldens grepp är skoningslöst. Pandemin, inflationen, räntehöjningarna och de skenande elpriserna har tillsammans skapat en perfekt storm, där fler människor än någonsin tidigare har hamnat i ekonomisk misär. Det är mycket på en gång, och konsekvenserna är tydliga.

Det som en gång var en börda för främst låginkomsttagare med mindre ekonomiska resurser har nu börjat påverka en annan grupp. Allt fler med högre utbildning och tidigare stabil ekonomi har också dragits in i denna spiral. De som tidigare kände sig säkra, som trodde att de levde inom sina gränser när de tog lån för hus eller utbildning, ser nu sina resurser tyna bort.

De enskilda målen som ligger hos Kronofogden – från inkassokrav till obetalda elräkningar och lån – utgör i skrivande stund, en skuld på över 88 miljarder kronor, en ökning med 7 miljarder på bara ett halvår. Skatteskulderna stiger samtidigt. Det är som om detta skuldberg är en levande organism som växer, slukar och aldrig mättas.

Men det är inte bara de skuldsatta som drabbas. Företag som väntar på betalningar – småföretagare och mindre hyresvärdar – lever också med konsekvenserna. När betalningar uteblir ställs de inför egna utmaningar. Räkningar ska betalas, anställda behöver löner.

Vad händer när dessa företag inte längre kan hålla verksamheten igång? Risken är uppenbar: fler arbetslösa, fler drabbade, fler tragedier. I en del fall konkurser.

Och mitt i allt detta ser vi en särskilt oroande trend – de unga. Allt fler ansökningar om skuldsanering strömmar in till Kronofogden, och bland dessa ansökningar finns nu en växande andel från unga människor. De hoppas att skuldsanering ska ge dem en andra chans, men för många förblir det en ouppnåelig dröm. Kraven för att beviljas skuldsanering är hårda, och de som har livet framför sig möter ofta kalla avslag.

Tragedierna tar inte slut där. Många skuldsatta drar med sig sina nära och kära. Borgensåtaganden – en hjälpande hand från föräldrar, syskon eller vänner – blir till livslånga bördor. Hur många föräldrar har inte skrivit under för att hjälpa sitt barn få en lägenhet? Hur många vänner har inte velat stötta en vän i en svår stund? Men när skulderna inte betalas faller ansvaret tungt på den som ställt upp.

Jag ser framför mig hur det där samtalet från banken eller inkassobolaget måste kännas:

– »Vi beklagar, men du som borgenar ar betalningsskyldig.«

Det är ett slag som kan rasera hela tillvaron. Föräldrar förlorar sina besparingar, vänner tvingas bryta relationer, och äldre släktingar kan behöva sälja sina hem för att betala någon annans skuld. Kärleken som låg bakom beslutet att hjälpa förvandlas till bitterhet, splittring och skam.

Samtidigt pågår den största tragedin i det tysta – barnen som växer upp i skuldens skugga. De ser sina föräldrar kämpa, hör samtalen om pengar och bevittnar deras ångest. Högtider präglas av konflikt snarare än glädje. Och barnen lär sig tidigt att pengar är en källa till sorg, inte trygghet. Hur påverkar det deras syn på livet, på relationer, på sig själva?

Detta är inte bara en ekonomisk fråga, det är en mänsklig tragedi. Varje dag tillkommer nya berättelser om liv som ställs på ända, om relationer som går sönder och om drömmar som aldrig blir av. Det är en verklighet som inte bara handlar om siffror utan om människor som förlorar hoppet och präglas av bitterhet.

Samhället står inför en fråga som vi inte längre kan skjuta på framtiden: Hur ska vi bryta denna onda cirkel? Hur ger vi människor en chans att börja om, att läka sina liv och återfå sin framtidstro?

I skuldens skugga finns inga enkla svar, men vi måste börja med att erkänna de tragedier som utspelar sig varje dag.

Nej till ett samhälle som sviker oss

Det är svårt att inte känna en överväldigande frustration när jag ser den väg vårt samhälle har tagit. Privatiseringens utlovade frihet och valmöjligheter har blivit ett fängelse av tomma löften och skenalternativ.

I stället för att stärka oss som människor, som medborgare med rättigheter och möjligheter, har vi förvandlats till kunder i ett system som gör allt för att maximera sin egen vinst, på vår bekostnad. Vi står ensamma inför en marknad som inte bryr sig om våra liv, våra behov eller vår framtid.

Tänk på det en stund: vård, utbildning, omsorg – det som en gång var grundläggande rättigheter och uttryck för en solidarisk gemenskap – är idag något vi måste köpa, och ofta till ett högt pris. Är det frihet att välja vård när vi inte ens vet om vi har råd att få den hjälp vi behöver? Är det frihet att jämföra elbolag när prisskillnaderna är minimala och avtalen omöjliga att förstå?

Den »valfrihet« som marknadsförs som en lösning på våra problem är i själva verket en börda, där vi ständigt tvingas välja mellan dyra alternativ som inte gör någon verklig skillnad.

Men detta handlar inte bara om pengar. Det handlar om trygghet. Det handlar om gemenskap. Det handlar om vår förmåga att lita på att vi som samhälle tar hand om varandra – att vi finns där för varandra när livet blir svårt.

Idag förväntas vi klara oss själva. Vi förväntas kämpa på en marknad där vinnarna redan är givna, och där vi andra bara försöker hålla huvudet över vattenytan. Är det så har vi vill leva våra liv? Isolerade, kämpande, rädda för att vi inte ska ha råd med det mest grundläggande?

Ta pensionssystemet som exempel. Våra pengar, vår trygghet, används idag som spelmarker på en privat marknad där storbankerna tar sina avgifter och låter oss bära riskerna. Varför ska våra framtida liv, våra drömmar om en värdig ålderdom, offras för finansinstitutens vinster?

Tänk om vi i stället kunde placera våra pensionspengar direkt hos Riksbanken – där de skulle vara skyddade, säkra, bortom marknadens giriga händer. Men i stället står vi här, med pensionskonton som urholkas av avgifter, som inte bryr sig om våra liv – bara om vinsten.

Och vad har vi egentligen fått ut av alla dessa privatiseringar? Det som en gång var gemensamt och stabilt har blivit dyrt och komplicerat. Apoteksköer där priserna stiger, tjänster som vi aldrig bett om men vi tvingas använda – som digitala faktureringstjänster som Kivra – och en ständigt ökande känsla av maktlöshet.

Det som tidigare var självklart, att samhället skulle fungera för oss alla, har blivit en produkt att köpa, en vara att sälja.

Vad hände med oss? Vad hände med det samhälle där vi brydde oss om varandra? Där vi delade på bördorna och hjälpte varandra att stå starka? I stället har vi fastnat i en spiral av individualism och marknadstänkande, där vi lämnas ensamma att navigera ett system som blir allt mer kallt och ogenomträngligt. Och under tiden förlorar vi något oersättligt – vår känsla av gemenskap, vår tro på att vi tillsammans kan bygga något bättre.

Retoriken från privatiseringens förespråkare är en förolämpning mot vår intelligens. De talar om »valfrihet« och »kundfokus«, som om dessa ord kunde lösa alla problem. Men vad betyder dessa ord när vi står inför en marknad där valen är skenbara och där kundens röst är svagare än någonsin?

Valfriheten är en illusion – en vacker fasad som döljer det faktum att vi egentligen inte har något val. Oavsett vilket alternativ vi väljer, är resultatet detsamma: vi betalar mer, vi får mindre, och vi lämnas att klara oss själva.

Det är inte bara våra plånböcker som drabbas. Det är vår själ som lider. Vårt samhälle håller på att förlora sin själ. När vi tvingas tänka på allt som ett individuellt ansvar – vår vård, vår pension, våra barns utbildning – glömmer vi vad det betyder att vara ett samhälle. Vi glömmer styrkan i att bygga något tillsammans, i att dela på ansvaret, i att veta att vi aldrig är ensamma.

Så vad ska vi göra? Hur länge ska vi acceptera att våra rättigheter säljs ut till högstbjudande? Hur länge ska vi titta på medan våra gemensamma tillgångar försvinner, medan vi förvandlas från medborgare till kunder? Det är dags att vakna.

Det är dags att fråga oss själva vad frihet egentligen betyder. Är det frihet att välja mellan dyra alternativ, eller är det frihet att veta att vi har en trygg och stabil grund att stå på? Är det frihet att navigera en marknad som inte bryr sig om oss, eller är det frihet att leva i ett samhälle som sätter människan i centrum?

Vi står inför ett vägval. Antingen fortsätter vi på denna väg – en väg som leder till ökade klyftor, minskad trygghet och en förlorad känsla av gemenskap – eller så säger vi ifrån. Vi säger att vi förtjänar bättre. Att frihet inte är något vi köper, utan något vi bygger tillsammans.

Det är dags att ta tillbaka vårt samhälle, vår framtid, och vårt hopp.

Efterlysning

Min tro är att Sverige behöver lösningar som bygger på rättvisa, jämlikhet och solidaritet, inte den genomsyrar vår lagstiftning. De »hårdare tagen« som förespråkas är bara kortsiktiga lösningar, och inte bara ineffektiva och kommer att skapa långsiktiga problem för vårt samhälle.

De kallar det ett paradigmskifte,
en ny era där tryggheten mäts i övervakningens kalla sken.
Massövervakningens skugga växer,
ansikten fångas i nätets osynliga trådar.
Hemlig avlyssning utan misstanke,
anonyma vittnen i en värld där rädslan styr.
Vi ser hur samhällets grund ruckas,
hur maktens händer sträcker sig längre än vi kan ana.
Frihet säljs som en handelsvara,
trygghet köps till priset av vår rörelsefrihet.
De förnekar kampen,
århundraden av strid för rättigheter som nu sakta suddas ut.
Förtryckets skarpa kanter skär genom samhällets väv,
skapar klyftor som blir allt djupare.
Samhället blöder,
när de mest utsatta stöts längre bort,
när friheten kvävs under statens tunga hand.
Det är inte trygghet de ger oss,
utan en ny slags otrygghet,
en värld där rättssäkerheten inte längre är given.
Vi måste minnas,
att rättigheter prövas i krisens tid,
att balansen alltid måste finnas där.
Förlorar vi den kampen,

förlorar vi grunden för allt vi kämpar för.
Och i detta tysta, växande mörker,
frågar jag mig:
Var finns motståndet när vi som mest behöver det?

KLASSFRÅGOR OCH RÄTTVISA

När jag funder på framtiden känner jag en stark längtan efter förändring. Det är en förändring som måste sträcka sig bortom individuella öden, något som handlar om att vi smälter samman till en större gemenskap, där varje människa har sin egen berättelse och varje blick bär på en förhoppning.

Jag inser att det är just våra olikheter och avstånd som påminner oss om vår gemensamma mänsklighet. Vi går alla på samma jord, vi andas samma luft, och vi ser upp mot samma himmel.

Det är nu 2025, och jag kan inte undgå att reflektera över den riktning samhället har tagit de senaste 40 åren. Högern har drivit utvecklingen, och även när socialdemokratin haft makten har det ofta varit på borgerlighetens villkor.

Konsekvenserna är tydliga. Inkomstklyftorna har blivit djupare, och skillnaderna i livsvillkor har blivit för stora. Vi ser fritidsgårdar som stängs ner, utbildningsanslag som minskar, och resurser som fördelas mellan allt fler huvudmän, vilket leder till att skolans kvalitet och likvärdighet urholkas.

Jag kan inte låta bli att känna oro när jag ser hur borgerligheten prioriterar byggandet av ungdomsfängelser. De blir i praktiken slutstationer för de barn som vårt samhälle har svikit. Det är ett samhälle som hellre straffar än stödjer, ett samhälle som misslyckas med att ta itu med de grundläggande problem som leder unga in på fel väg redan från början.

Men detta är inte den framtid jag vill se. Nej, jag vill att vi ska satsa på våra barn, särskilt de som lever i de mest utsatta områdena. Jag vill se förskolor med färre barn per pedagog, inte fler, så att varje barn kan få den uppmärksamhet och omsorg de förtjänar. Barnen och ungdomarna behöver gratis aktiviteter på fritidsgårdar och i idrottshallar.

Vi måste också satsa mer på språkträning för de barn som behöver stärka sin svenska. Jag tror starkt på att inkludera seniorer, som har ett stort outnyttjat erfarenhetskapital, som volontärer för att hjälpa till med detta. Alla barn, oavsett bakgrund, bör få samma möjligheter att utvecklas och blomstra.

Den grundläggande principen för arbetarrörelsen, »Gör din plikt, kräv din rätt«, måste gälla oss alla, även de som nyligen kommit till vårt land. När jag ser tillbaka på 1960-talet och den första stora invandrarvågen minns jag hur invandrarna ofta behandlades som objekt för svensk välvilja. Det skapade en känsla av att rättigheterna gavs utan krav på motprestation, och det ledde till misstänksamhet bland många svenska arbetare.

Denna uppdelning har gett bränsle åt främlingsfientliga krafter som Sverigedemokraterna, trots att majoriteten av invandrarna – både genom arbetskrafts- och flyktinginvandring – har arbetat hårt och bidragit till samhället från det att de etablerat sig här. Olika former av invandring har olika konsekvenser, men utan invandrarnas insatser skulle vårt samhälle inte fungera som det gör idag. Även flyktingar får arbete efter en viss etableringstid, vilket exempelvis sågs hos flyktingarna från Jugoslavien.

De som har utbildat sig, lärt sig svenska och bidrar till samhället genom arbete och skatteinbetalningar borde inte bara få stanna, de borde få medborgarskap. Det är deras rätt, och vår skyldighet att erkänna deras insatser.

Men någonstans på vägen har vårt utbildningssystem glömt bort sitt ursprungliga syfte – att alla ska få möjlighet att utvecklas till sin fulla potential. I stället har vi pressat eleverna att följa en enda väg mot akademiska meriter, vilket har lett till att många praktiskt begåvade elever faller bort. Vi måste vända den här utvecklingen.

Vi har en stor brist på yrkesutbildade inom hantverk och teknik – snickare, rörmokare, elektriker, bilmekaniker – samtidigt som ungdomar utan gymnasieexamen står utan någon väg in i arbetslivet. Vi måste reformera skolan för att ge dessa unga människor en framtid där de kan försörja sig med hederligt arbete, och där deras praktiska färdigheter värderas lika högt som akademiska meriter.

Sjukvården, ett av de mest vitala områdena i vårt samhälle, har länge burits upp av personal som inte bara gjort sin plikt, utan gått långt utöver vad som kan förväntas. Den senaste sjuksköterskestrejken är ett tydligt tecken på att vården är beroende av att personalen offrar sin egen hälsa och fritid för att ta hand om patienterna. Detta är oacceptabelt.

Vi behöver en genomgripande utredning av hur våra skattemedel används inom sjukvården, och en omstrukturering som sätter patientvården, inte administrationen, i första rummet.

Jag tror också att vi måste se över arbetstiden. En sänkning av arbetstiden till 30 timmar per vecka, genomfört stegvis fram till 2040, skulle kunna ge människor mer tid för återhämtning och familjeliv, särskilt i fysiskt krävande yrken där en kortare arbetsvecka redan nu skulle göra stor skillnad.

Jag är tillhör den äldre generationen som deltagit i och upplevt hur arbetarrörelsen format vårt samhälle. Det är med dessa erfarenheter i bagaget som jag ser på framtiden med både hopp och oro.

Vi har alla en skyldighet att verka för en rättvisare och mer jämlik värld. Det är upp till oss att välja vilken väg vi vill gå – en väg som leder till solidaritet och gemenskap, eller en väg där klyftorna och orättvisorna fortsätter att växa.

En försvagad välfärd

Det är svårt att inte känna en djup frustration när man ser hur vårt samhälle har utvecklats. Vi har byggt upp ett land där människors vilja att arbeta har varit den viktigaste resursen, en grund för både individuell och gemensam välfärd.

Det var genom kollektiva avtal och en samordnad lönepolitik som vi historiskt sett lyckades minska klyftorna i vårt samhälle. Men idag ser vi hur det mödosamt uppbyggda systemet raseras.

En progressiv skattepolitik tillsammans med förhandlade avsättningar till socialförsäkringar har varit avgörande för att skapa de resurser som möjliggjorde utbyggnaden av vår gemensamma välfärd och trygghetssystem.

Det här är inte bara historiska fakta; det är grundvalen för det solidariska samhälle vi en gång strävade efter. Ett samhälle där jämlika levnadsvillkor var en självklarhet och friheten var för alla, inte bara för de som hade turen att födas in i rätt omständigheter.

Det som upprör mig mest är hur fördelningspolitikens viktigaste verktyg – resursöverföringar till barnfamiljer, sjuka, arbetslösa, studerande och pensionärer – nu har försvagats.

De sociala försäkringar som skulle ge oss trygghet genom livets olika skeenden har urholkats. Detta har inte bara underminerat vårt skyddsnät, utan också påverkat efterfrågan i ekonomin. Det är inte bara en fråga om rättvisa, det är ekonomiskt förödande.

Vi ser nu hur nedskärningar och besparingar i skola, vård och omsorg har blivit vardagsmat. Nödvändiga investeringar i infrastruktur skjuts upp på grund av resursbrist. Hur kunde vi låta det gå så här långt?

En av de främsta orsakerna är den kraftiga sänkningen av skattekvoten, från 48,6 procent år 2000 till 40,7 procent idag.

Det är nästan 50 år sedan vi hade en så låg skattekvot. Detta har resulterat i ett intäktsbortfall på hisnande 437 miljarder kronor i årsjämförelse. Hur kan vi acceptera att vårt samhälle sakta men säkert monteras ner på det här sättet?

Minskade resurser till den gemensamma välfärden har lett till att sociala utgifter drastiskt har minskat. Utgifterna för socialförsäkringar som andel av BNP har halverats sedan 1980-talet. Konsekvensen? Ett samhälle med ökade ekonomiska och sociala klyftor, där segregationen blir alltmer påtaglig.

Högerpartierna har varit pådrivande för dessa skattesänkningar, och det är skamligt att mitt eget socialdemokratiska parti också senare har accepterat denna politik.

Vi har misslyckats med att argumentera för det självklara: skatter är inte till för att begränsa vår frihet, de är till för att skydda den. Ernst Wigforss hade rätt när han sa: »Skatter är till för att täcka utgifterna. Vill man ha utgifterna måste man också godta skatterna.«

Att omfördelande skatter som arvsskatt, förmögenhetsskatt och gåvoskatt har avskaffats är en tragedi. Kapital beskattas nu mer gynnsamt än inkomster, och fastighetsskatten är groteskt orättvis – där ett hus med lågt taxeringsvärde betalar samma avgift som ett hus värderat till 30 miljoner kronor.

Förmögna hushåll får dessutom bidrag genom RUT och ROT. RUT, som subventionerar tjänster till hushåll med redan god ekonomi, och ROT, som kanske är lämpligt vid lågkonjunktur, men är fullständigt slösaktigt i goda tider. Dessutom känns det inte riktigt att det kan användas för de som har fastigheter eller lägenheter i andra länder.

Vi måste ta tillbaka vårt skattesystem och genomföra en bred översyn. Inkomsterna till det gemensamma måste öka för att vi ska kunna bekämpa samhälleliga orättvisor och skapa ett mer jämlikt samhälle igen. Ett rättvist sådant.

Med »jävlaranamma« är det möjligt.

Det finns en öronbedövande tystnad som ligger som ett kvävande täcke över oss, en tystnad så påtaglig att den nästan går att ta på. Den kryper in i varje vrå av vårt samhälle, sipprar in i våra hem och förlamar våra tankar.

Jag har ofta undrat över varför vi har blivit så bakbundna, så passiviserade, att vi inte längre reagerar med den kraft som borde vara naturlig när vi ser rapporterna om de ökande klassklyftorna och de alltmer utbredda orättvisorna. Det är som om dessa orättvisor, som borde få blodet att koka, oftast möts med en förlamande tystnad. Varför har det blivit så?

Kanske beror det på att vi har blivit så förlamade av de ständiga kriserna, att vi har blivit så utmattade att vi inte längre har styrkan att resa oss, att klättra upp på barrikaderna och kämpa för det vi vet är rätt.

Det är som om vi har blivit avtrubbade, oförmögna att känna den ilska som en gång drev förändring. Har vi blivit så vana vid att stå i skuggan av makten att vi inte längre ser ljuset?

Det naturliga, det självklara, vore att vi tillsammans kräver att alla samhällskrafter, oavsett ideologisk tillhörighet, gör allt i sin makt för att lossa de grepp som håller oss fast.

Vi borde kräva att våra ledare slutar tjäna de mäktiga på bekostnad av de svaga, att de bryter banden som kväver våra röster. Att göra något annat vore inget mindre än en kapitulation, en fullständig underkastelse inför den rådande ordningen.

Vi står där, tysta och utsatta, som i ett tvåfrontskrig där vi ständigt blir slagna från båda håll. På ena sidan har vi det svenska näringslivet, representerat av Timbro, som slår oss på den ena kinden med krav på ytterligare avregleringar, sänkta löner och försämrade arbetsvillkor.

På den andra sidan har vi den sittande regeringen som, i

stället för att stå upp för oss, slår oss på den andra kinden genom att genomföra politik som gynnar de rikaste, samtidigt som de ber oss vanliga medborgare att ta ansvar för dåliga beslut och ekonomiska nedskärningar.

Deras gemensamma mål är kristallklart: de vill att vi ska stå tillbaka, att vi ska acceptera vår plats längst ner på stegen, att vi ska ta ansvar för dåliga löner, försämrade arbetsvillkor och att vi ska acceptera att skatterna sänks för de rikaste, medan vi får bära bördan av ett samhälle i kris. Jag behöver inte ens titta längre än i min egen plånbok för att förstå att detta är verkligheten vi lever i.

Men vi sitter där tysta och lider. Accepterar det som borde vara oacceptabelt, när vi i stället borde stå upp och kräva ansvar från våra folkvalda politiker och från de organisationer som påstår sig representera oss.

Kanske är det så att vi knyter näven i fickan, rycker på axlarna och tänker att detta är någon annans problem, att det är någon annans kamp att föra. Men innerst inne vet vi att tiden är kommen för oss alla att höja våra röster, att bryta denna förlamande tystnad.

Det är dags att kasta av oss passiviteten och bakbundenheten som har hållit oss tillbaka så länge, och i stället agera. Vi behöver organisera oss, vi behöver engagera oss – oavsett om det är i ett politiskt parti, i vår fackförening, i vår hyresgästförening, eller någon annanstans där vår röst kan göra skillnad. För det är bara tillsammans som vi kan åstadkomma verklig förändring.

Om vi verkligen vill ha ett samhälle som präglas av rättvisa och jämlikhet, ett samhälle där klyftorna minskar i stället för att växa, där välfärdsfrågorna återigen får högsta prioritet, då kan vi inte längre stå vid sidan av och se på. Vi måste agera, vi måste ta kampen, för det går att förändra. Historien har visat oss detta gång på gång – med tillräckligt mycket vilja, med tillräckligt mycket »jävlaranamma«, är allting möjligt.

I utbrändhetens tidevarv

Brända tungt på trötta axlar
I korridorer där stegen ekar
Dagarna är fyllda av plikter
Nätter som aldrig tycks ta slut

Kroppar som slits
Hjärtan som bultar i takt med klockan
Kvinnor som ger mer än de har
I ett samhälle som verkar glömma deras värde
Sjukdomsfallen stiger
Från en handfull till en våg

Femdubblade på bara några år
De är siffror på ett papper
Men bakom varje siffra finns en människa
Någon som en gång brann för sitt kall
Som nu kämpar för att överleva dagen

I kommuner och regioner
Är vården som mest skör
Och kvinnorna drabbas hårdast
De bär på tyngden av ett system som sviker.
I en arbetsmiljö som långsamt suger ut deras kraft

Skattepengar kunde ha gjort skillnad,
Kunnat skapa en plats där återhämtning är möjlig
Där stressen inte äter upp själen
Beslutsfattarna sitter stilla
När de borde agera

När demokratins grundvalar skakar

Det börjar ofta smygande. Ett ordval här, en kompromiss där. Ett parti med idéer som en gång betraktades som extrema får plötsligt plats i finrummen. Deras retorik blir vardag, deras förslag tas på allvar.

Högerextrema partier intar positioner i Europas parlament och regeringar, och vi ser hur demokratins fundament börjar svikta. Inte med en smäll, utan med en långsam erodering som vi knappt märker—förrän det är för sent.

Historien borde ha lärt oss att demokratin aldrig är självklar. Den är inget vi kan ta för givet. Den kräver mer än vår röst vart fjärde eller femte år. Den kräver vårt aktiva engagemang, vårt dagliga försvar av de värderingar den vilar på: människors lika värde, frihet, rättvisa.

Och ändå ser vi det hända. Vi ser hur högerextrema idéer inte bara tolereras utan omfamnas, hur de sipprar in i etablerade partiers politik i jakten på röster och makt. Gränserna suddas ut. Normaliseringen är ett faktum. Och vi står inför ett val: Ska vi tyst se på medan historien rullar tillbaka, som ett dammigt filmklipp från en tid vi trodde vi lämnat bakom oss? Eller ska vi resa oss och säga att nog är nog?

Det handlar inte enbart om de högerextrema partierna. Det handlar lika mycket om de som sväljer sin tvekan och anpassar sig, de som räknar röster och kompromissar med grundläggande värderingar. Det handlar om oss alla. Om varje medborgare som slår ifrån sig tanken på att demokratin kan rämna, som intalar sig att »så illa kan det inte bli.«

Men det kan bli illa. Mycket illa. Om vi inte agerar nu riskerar vi att vakna upp i ett Europa vi inte längre känner igen. Ett Europa där hatet har fått fäste, där toleransen tryckts undan och där rösterna från Förintelsens sista överlevare förlorar sin bärkraft. Lärdomarna bleknar, och med dem försvinner det moraliska ankaret som borde hålla oss kvar i humanitetens hamn.

Men ännu finns tid. Inte mycket, men tillräckligt. Vi kan välja en annan väg. En väg som kräver mod. En väg som kräver ledarskap som inte väjer för obekväma sanningar. En väg där vi står upp för medmänsklighet och jämlikhet, även när det kostar.

Tiden rinner genom våra fingrar. Men framtiden—Sveriges och Europas—är fortfarande vår att forma. Frågan är bara: Har vi viljan att försvara den demokrati vi en gång tog för given?

Den kvävande tystnaden

Jag finner mig själv alltmer bekymrad över den tystnad som tycks omsluta vårt samhälle, en tystnad så genomträngande att den hotar att kväva själva utvecklingen av vår gemenskap. Överallt ser jag tecken på en fördjupad kris – en ekonomisk klyfta som vidgas för varje dag som går.

Svenska hushåll är tyngda av skulder som stadigt stiger, många tvingas ta lån bara för att klara vardagen. Kronofogdens skuldberg är nu högre än någonsin tidigare och verkar bara växa utan slut. Samtidigt har de allra rikaste knappt behövt lyfta ett finger. Antalet miljardärer i Sverige ökar, precis som ojämlikheten som plågar vårt land. De fem rikaste äger nu tillsammans mer än hälften av landets tillgångar, en häpnadsväckande koncentration av rikedom i händerna på så få.

Denna ekonomiska kris drabbar hårdast de som har minst råd: arbetare, barnfamiljer och pensionärer. Ensamstående mammor och låginkomsttagare tvingas ta sms-lån för att kunna betala hyran. Matköerna blir allt längre och längre, en dyster spegelbild av den ökande ojämlikheten i vårt samhälle.

Det är en bitter ironi att de förmögna får hjälp att behålla sina rikedomar, med stöd från Jimmie Åkesson och hans parti. Sverigedemokraterna har utgett sig för att vara det nya arbetarpartiet, en garant mot ojämlikhet—eller så påstår de. Men deras handlingar avslöjar något annat. Åkessons parti stödjer skattesänkningar för de rika och vidgar därmed klyftan mellan de som har och de som inte har. Hans löften om att värna vanligt folk känns som ett hån, ett hån mot de som håller samhället i gång.

Och ändå, var finns ilskan? Var finns rösterna som kräver förändring? De tidigare tydliga skillnaderna mellan Moderaterna och Sverigedemokraterna har suddats ut, smält samman till en enda otydlig enhet. Åkesson, som en gång i tiden avfärdades av Ulf Kristersson, står nu som hans närmaste bundsförvant. Kristersson, mannen som lovade att aldrig ta Åkesson till sin barm, suger nu girigt i sig den politiska bröstmjölk som Sverigedemokraterna erbjuder.

Allt detta sker medan det svenska folket, de som lever på marginalen, finner sig själva i ännu mer utsatta positioner. Jag kan inte låta bli att undra, hur länge kan denna tystnad fortgå? Hur länge innan den tyngden krossar allt hopp om en framtid där jämlikhet och rättvisa råder? Tystnaden är öronbedövande, och för varje dag som går, blir den allt farligare och kan få en brun nyans.

En pyrande oro

Jag märker en påtaglig oro som pyr bland folk. En oro som rör sig genom samtal, artiklar och sociala medier, som handlar om klimatet, om vår framtid, om planeten vi bor på. Denna oro är inte bara något som sipprar fram i stunder av eftertanke, den är på väg att förvandlas till ren förtvivlan. Och när jag ser hur vår regering hanterar klimatfrågan, växer min förtvivlan till ilska.

Regeringens klimatpolitik framstår som ett skämt, en sorglig efterklang av missade mål och bortförklaringar. Kritiken bemöts med tomma fraser, och med en enveten tro på kärnkraft som en universallösning på alla våra problem. Men nu börjar även regeringens egna talesmän inse verkligheten. Carl Berglöf, regeringens egen kärnkraftsamordnare, har nu medgett att det blir alldeles för dyrt att bygga nya kärnkraftverk. Om man inte kan få ner kostnaderna, kommer det förmodligen inte att bli något alls. Tidsplanen till 2035, som länge såldes in som genomförbar, visar sig också vara svår att hålla. Det är långt ifrån vad som utlovades av Elisabeth Svantesson efter valrörelsen 2022, då byggandet skulle påbörjas redan under denna mandatperiod.

När Carl Berglöf nu talar i klartext och säger att det inte går, känner jag en viss lättnad. För oss som är motståndare till kärnkraft är detta ett glädjande besked. Sol- och vindkraft är både mycket billigare och framtidssäkrare alternativ. Dessutom pekar utvecklingen på att de kärnkraftverk som skulle kunna byggas idag, kommer att vara omsprungna av både säkrare och klimatsmartare teknik innan de ens står färdiga.

Detta är en utveckling som går i rasande fart, kanske det mest hoppfulla som hänt inom klimatområdet någonsin. Att bygget av nya kärnkraftverk, som Tidö-gänget vill ha, inte kommer att påbörjas under denna mandatperiod är en seger för alla oss som inte tror på kärnkraft. Tidöpartiernas vallöfte har fallit ihop totalt, och det är glädjande att se.

Jag ser dock fortfarande hur en regering, som borde leda oss genom dessa utmaningar, i stället abdikerar sitt ansvar. De hävdar att deras låga ambitioner speglar ett bristande folkligt intresse, men jag vet att det är en lögn. Sanningen är att människor oroar sig. De är rädda. Och, kanske viktigast av allt, de är villiga att göra de uppoffringar som krävs för att vända denna utveckling.

Klimatförändringarna är inte längre något abstrakt som sker någon annanstans eller i en avlägsen framtid. De händer här, nu, runt omkring oss. Skogsbränder rasar genom våra landskap, isarna smälter, torkan breder ut sig, översvämningar sker. Trots detta ser jag hur vår regering inte bara misslyckas med att minska utsläppen, utan aktivt ökar dem. De skär ner på miljöbudgeten, begraver Miljödepartementet – symboliskt och bokstavligt – och verkar tro att fraser och löften om kärnkraft ska räcka som svar på denna kris.

Jag kan inte låta bli att undra hur vi hamnade här. Hur vi kunde låta det gå så långt att de som styr oss använder klimatkrisen som ett verktyg för politiska poänger, utan någon egentlig vilja att lösa problemen. Deras floskler är inte bara tomma, de är farliga. Drömmarna om kärnkraft är inte förankrade i verkligheten, utan i ett politiskt spel där mänsklighetens framtid offras för kortsiktiga vinster.

Vad som gör mig allra mest oroad är tystnaden. Tystnaden från dem som borde skrika högst, från de som borde ta kampen. För tre fjärdedelar av svenskarna vill se mer av våra gemensamma resurser gå till att bekämpa klimatkrisen. De förväntar sig så mycket mer än vad regeringen presterar. Men ändå verkar det som om vi är fångade i en kvävande stillhet, där de mest akuta frågorna förpassas till marginalen.

Vi behöver ett regeringsbyte. Det är tydligt att den nuvarande regeringen inte kommer att leda oss genom den här krisen. Men det räcker inte att bara byta ut dem. Regeringspartierna måste sluta följa Sverigedemokraternas katastrofala klimatinställning, och oppositionen måste kunna enas kring en stark, ambitiös och handlingskraftig klimatpolitik.

Sverige står inför en av sina största utmaningar någonsin, och vi behöver ledare som förstår allvaret. Socialdemokraterna, Miljöpartiet och Vänsterpartiet har en historisk uppgift framför sig. De måste visa att det finns ett alternativ, att det finns hopp, att det finns en framtid värd att kämpa för.

Det är dags att bryta tystnaden. Dags att våga ta steget från ord till handling, att visa att vi inte bara ser problemen, utan är beredda att göra vad som krävs för att lösa dem. För om vi inte gör det, om vi fortsätter på den inslagna vägen, då är det inte bara vår politik som misslyckas – då riskerar vi att förlora själva framtiden.

Om allt för snabba beslut

Jag är både förundrad och bekymrad, och undrande varför vi i S-partiet har haft en sådan förbluffande brådska att fatta så avgörande och principiella beslut utan att först föra en ordentlig folklig diskussion. Det är som om vi har glömt bort de grundläggande demokratiska principerna som vi tidigare värnat om.

Först kom anslutningen till Nato. Ett beslut som drevs igenom med en hastighet som lämnade många av oss medlemmar, liksom en stor del av allmänheten, i chock. Majoriteten av oss inom partiet var emot, men ändå pressades beslutet fram utan att vi fick möjlighet att verkligen diskutera och debattera de långsiktiga konsekvenserna.

Det Nato Sverige gick in i finns inte längre, och vi ser nu en organisation i snabb förändring, vilket gör det ännu viktigare att vi hade haft en ordentlig debatt innan beslutet fattades.

Precis som med det kontroversiella DCA-avtalet med USA, om tillgång till Sveriges samtliga militära flygbaser, som hastigt och nästan i skymundan förts fram till riksdagen för godkännande. Ett beslut som, likt Natomedlemskapet, togs utan att vi s-medlemmar eller den svenska allmänheten fick en chans att ingående diskutera frågan.

Det är som om den demokratiska processen plötsligt blivit oviktig, något som kan förbises när det är bråttom.

Beträffande det ingångna DCA-avtalet, så måste allt göras för att detta ska hävas. Det är ett avtal som ger en främmande makt ges inflytande över svensk mark, något som aldrig borde ha accepterats utan en grundlig och öppen debatt.

Besluten om Nato och DCA är både stora och principiella, med djupgående konsekvenser för Sveriges framtid. Vår tidigare stolta neutralitet och alliansfrihet har inte bara avskaffats; nu ska vi dessutom tillåta främmande makt att etablera sig på vår mark.

Och fortfarande råder det en tystnad om att Trumps soldater genom DCA-avtalet har getts tillgång till Sveriges samtliga militära flygbaser. Ett medgivande från såväl regeringen som S-ledningen om att avtalet var ett gigantiskt misstag vore på sin plats.

Jag kan inte låta bli att fråga mig själv: Vad har hänt med vår demokrati?

Det som oroar mig mest är den uteblivna folkliga debatten. Det är en bedrövlig utveckling för ett land som tidigare har stoltserat med världens bästa demokrati.

Hela processen har skötts med största möjliga tystnad, som om man försöker undvika en öppen dialog. Jag kan inte skaka av mig känslan av att vi är på väg mot en farlig utveckling, där besluten tas över huvudet på folket.

En folkomröstning hade kunnat främja den demokratiska insikten och gett oss tid att verkligen överväga konsekvenserna innan förslaget lades på riksdagens bord. I stället har vi nu ett beslut som känns påtvingat, som om vår demokrati har blivit överkörd och förtroendet för politiker underminerat.

När jag ser tillbaka på Sveriges resa från alliansfrihet till Nato-medlemskap och också ett DCA-avtal utan en öppen och genomförd folklig debatt, kan jag inte känna annat än djup sorg.

Nu när besluten har fattats i riksdagen, står vi här med en bitter smak i munnen och känslan av att vår demokrati har blivit manipulerad.

Så skapas politikerförakt. Och i den tystnad som råder, kan jag inte låta bli att undra: Vad har vi egentligen förlorat på vägen?

Tystnaden kväver samhällsutvecklingen

Tystnaden som kväver samhällsutvecklingen har blivit alltmer påtaglig. Jag ser idag ett land där kortsiktiga kapitalintressen har tagit över den politiska diskussionen, de skrivande och talande kommunikationerna, hand i hand med högernationalism och nyliberalism.

Dessa krafter har fått fäste i ett samhälle som plågas av ökande klyftor, ekonomisk ojämlikhet och social oro. Det är ett samhälle där hatet sprids som ett virus genom främlingsfientlighet och desinformation, främst kanaliserat genom Sverigedemokraterna – ett parti vars rötter vilar i en mörk historia av nazism och fascism.

Trots detta har partiet lyckats samla runt 20 procent av väljarnas förtroende. Hur är det möjligt? Och hur har de lyckats dra med sig traditionellt mer etablerade partier som Moderaterna, Kristdemokraterna och Liberalerna in i sin famn?

Dessa frågor gnager i mig, ekar i mitt medvetande varje gång jag ser de politiska ledarna framträda på TV eller läsa om deras senaste utspel. Men ännu mer oroande är den tystnad och brist på motstånd som mitt eget parti, Socialdemokraterna, uppvisar. Varför har de inte förmått att stå emot? Varför har de inte lyckats mobilisera en starkare opposition mot de krafter som hotar vår demokrati och vårt samhälle?

Det är som om Socialdemokratins röst har dämpats, som om dess historiska kraft och pondus har försvunnit i en kakofoni av röster som ropar på förändring, men där alltför många ser bakåt snarare än framåt.

Det finns en brännande känsla av att Socialdemokratin, den rörelse som en gång formulerade en vision för ett rättvist och inkluderande samhälle, nu förlorat sin innovationsförmåga.

Den uppfinningsrikedom som tidigare genomsyrade partiet, den kreativa viljan att bygga ett samhälle för alla, verkar vara försvunnen. Det finns ett akut behov av att återuppväcka den glöd, det engagemang och den vision som tidigare kännetecknade den socialdemokratiska politiken.

Om Socialdemokratin ska ha en framtid måste den återerövra sin kraft att föreslå skarpa och genomtänkta politiska lösningar som kan möta dagens och framtidens utmaningar.

Jag saknar den gamla Socialdemokratin – den som vågade ta strid, som inte tvekade att stå upp för sina principer och som drevs av en vision om ett bättre, rättvisare samhälle.

Det är dags att mobilisera denna kraft på nytt. Vi måste ta tillbaka den mark vi har förlorat till politiska krafter som inte ser längre än till sina egna intressen och som är redo att offra vår samhällssolidaritet på kapitalismens altare.

Vi behöver en radikal och framåtblickande socialdemokratisk politik som vågar sätta agendan för framtiden. En politik som inte bara erbjuder ord och löften, utan som också formu lerar konkreta lösningar på de problem som människor möter i sin vardag.

För att vinna framtida val och återfå väljarnas förtroende måste vi presentera ett tydligt och handfast program: arbetstidsförkortning, fler bostäder åt alla, en tandvårdsreform som gör tandvård tillgänglig för alla, billigare och mer tillgänglig kollektivtrafik – och detta är bara några exempel.

Vi måste våga ställa raka och tydliga krav, som till exempel att höja skatterna för de rikaste och att sätta stopp för subventioner som gynnar de redan privilegierade, som lyxrenoveringar av bostäder.

Och viktigast av allt – vi måste ta upp kampen mot fascism. Den kampen kan inte skjutas upp till nästa val eller till någon framtida tidpunkt. Den börjar här och nu. Och för att lyckas måste vi alla stå upp, bryta den tystnad som just nu håller på att kväva vår samhällsutveckling.

Det krävs ett mod att säga ifrån, att agera, att visa att vi inte accepterar den utveckling som hotar vårt samhälle.

Vi kan inte sitta tysta medan demokratins fundament undermineras, utan måste vara redo att kämpa för de värderingar som vårt samhälle vilar på – jämlikhet, solidaritet och rättvisa.

Och inte minst – vi måste kämpa för ett Sverige fritt från fascism. Den kampen börjar nu, och den kräver att vi alla står upp, att vi bryter den tystnad som just nu håller på att kväva vår samhällsutveckling.

Tidsjakten

Klockorna jagar,
som hungriga rovdjur i natten.
Tiden flåsar oss i nacken,
kräver, befaller –
och vi springer,
som om den vore en gud.

Dagar rinner som rastlösa floder,
översvämmar våra liv,
drar oss med i en ström
av plikter och krav.
Den som inte hinner
sjunker, blir osynlig,
förlorad i glömskans mörker.

Samhället är en maskin
med kalla stålväggar.
Människor mals ner,
pressas till sista droppen
och kastas bort,
som om själen vore förbrukningsvara.
Hur länge ska vi lyda
ett system som aldrig frågar hur vi mår?

Ord vissnar på våra tungor,
blickar möts inte längre.
Vi har inte tid att lyssna,
inte tid att känna,
inte tid att leva.

Tiden är en skuld
en skugga som förföljer oss
in i sömnlösa nätter.
Vi famlar i mörkret,
söker trygghet i en värld
som river grunden vi står på.
Solidariteten smälter bort,
ersätts av en glupsk jakt
på fördelar, status, vinst.
Vi tävlar i stället för att lyfta varandra.

Vi blundar, vi springer,
vi låtsas att världen vi byggt
är värd att leva i.
Men det är dags att stanna.
Dags att kräva en annan väg –
en där hjärtat får slå fritt,
där människovärde inte har ett pris,
där rättvisa är en rättighet,
inte en lyx.

Fler ska orka

Vården är en av samhällets viktigaste stöttepelare, men de som arbetar inom den står inför en växande utmaning. Jag ser med växande oro på hur arbetsvillkoren för vårdpersonalen successivt försämras, vilket inte bara hotar de anställdas hälsa utan också vårdens framtida kvalitet och hållbarhet.

Under de senaste åren har vi bevittnat en dramatisk ökning av sjukfrånvaron, där antalet stressrelaterade sjukdomsfall har femdubblats mellan 2010 och 2023. Denna utveckling är alarmerande och drabbar främst dem som arbetar inom välfärdssektorn, särskilt i kommuner och regioner där arbetsbelastningen är som tyngst.

Det är inom dessa sektorer som vårdpersonalen, dag efter dag, kämpar för att orka med den alltmer pressade arbetsmiljön. Fyra av fem som drabbas av dessa stressrelaterade sjukdomar är kvinnor, vilket understryker en oroande trend i de kvinnodominerade yrken som toppar sjukskrivningsstatistiken.

Det här är kvinnor som ägnar sina liv åt att vårda andra, men som själva betalar ett högt pris för sina insatser. Det är smärtsamt att se hur detta har blivit en av vår tids största arbetsmiljöproblem, och jag undrar: hur länge ska vi fortsätta på denna väg innan något drastiskt görs?

Siffrorna talar sitt tydliga språk. Förra året uppgick kostnaderna för sjukfrånvaron i våra kommuner och regioner till hela 51,4 miljarder kronor. Detta är pengar som kunde ha använts för att förbättra arbetsmiljön, investera i mer personal och skapa hållbara arbetsvillkor. I stället har vi sett en passivitet från politiskt håll som är svår att förstå. Trots att facket gång på gång har lyft fram de ohållbara arbetsvillkoren och krävt åtgärder, har nödvändiga reformer uteblivit.

Vad innebär detta för framtiden? Om vi inte tar tag i

problemen nu, riskerar vi att stå utan den viktiga kompetens och det engagemang som krävs för att vården ska fungera. Det handlar inte bara om att skydda vårdpersonalens hälsa – det handlar om att säkerställa att vi som samhälle kan upprätthålla en vård av hög kvalitet. Vi behöver fler som orkar stanna inom vårdyrket, men det förutsätter att vi gör yrket hållbart. Det är dags att lyssna på de som befinner sig mitt i verkligheten, de som vet vad som krävs för att vården ska fungera.

En av de mest centrala åtgärderna som facket föreslår är en arbetstidsförkortning. Detta är inte bara en fråga om rättvisa och arbetsmiljö – det är en nödvändighet för att skapa en långsiktig hållbarhet inom vården.

Genom att minska arbetstiden kan vi ge vårdpersonalen den tid de behöver för återhämtning, vilket är avgörande för att de ska kunna fortsätta göra sitt viktiga arbete. Dessutom skulle en arbetstidsförkortning kunna bidra till att minska sjukfrånvaron och därmed de enorma kostnader som den medför.

Vi står inför ett vägskäl. Antingen väljer vi att fortsätta som förut, med ständigt ökande krav på vårdpersonalen och en sjukfrånvaro som skjuter i höjden, eller så tar vi steget mot en mer hållbar vård.

För mig är valet självklart. Vi måste investera i vårdpersonalen, ge dem de verktyg och förutsättningar de behöver för att orka stanna kvar i yrket. Vi måste lyssna på deras erfarenheter och insikter och använda denna kunskap för att bygga en bättre och mer hållbar vård.

Det är dags för beslutsfattare att vakna upp och inse allvaret i situationen. Vi har inte råd att vänta längre. För varje dag som går utan att något görs, ökar risken för att fler vårdare lämnar yrket och att vi som samhälle får betala priset. Låt oss inte låta det ske. Det är dags att agera – för vårdpersonalens skull, för din och min skull, och för hela samhällets framtid.

Människor är inte maskiner

De stiger upp i gryningen,
när staden ännu drömmer.
Lämnar hem där ljuset sover,
går till platser där tiden står still.
Händer som lyfter, tröstar, tvättar.
Hjärtan som bär mer än de borde.
De kliver genom dörrar ingen vill öppna,
möter ansikten speglade i livets skörhet.
De har alltid funnits där,
i skuggorna av ett samhälle som glömmer.
Lågmälda hjältar—
lågt värderade, högt förväntade,
men sällan sedda som människor.
De pressas genom byråkratins kyla,
där kroppar bryts och orken sinar.
De sjuka får vänta.
De äldre får vänta.
Och de som en gång bar oss,
lämnas utan svar.
Människor är inte maskiner.
De är mer än siffror i ett schema.
De är händer, hjärtan, andetag.
De är liv.

Skrämmande

Jag ser med växande oro på hur Tidöpartierna, med Sverigedemokraterna i spetsen, driver igenom vad de kallar ett »paradigmskifte« inom kriminalpolitiken. Detta handlar inte längre enbart om att bekämpa brottslighet. Det handlar om att förändra själva grunden i vår rättsstat, där övervakning och kontroll plötsligt blir acceptabla verktyg för att hantera samhällets problem.

Vi ser införandet av massövervakning, ansiktsigenkänning, hemlig avlyssning utan misstanke om brott och andra integritetskränkande åtgärder som känns främmande i en demokratisk rättsstat. Steg för steg rör vi oss mot ett övervakningssamhälle där varje ord, varje handling, kan spåras, registreras och i värsta fall användas emot oss.

Det som skrämmer mest är inte de enskilda åtgärderna i sig, även om varje förslag för sig är djupt oroande. Det är de samlade effekterna av denna politik som väcker störst farhågor.

När vi börjar normalisera övervakning och kontroll på denna nivå, riskerar vi att förlora grundläggande principer om rättssäkerhet. Det samhälle som målas upp som tryggare kan i själva verket förvandlas till ett samhälle där maktmissbruk blir en verklig risk. Vad är priset vi betalar när vi köper trygghet genom att offra vår frihet? Och vilka garantier har vi att dessa verktyg inte kommer att missbrukas i framtiden?

Mänskliga rättigheter är inte förhandlingsbara. De är resultatet av århundraden av kamp och strävan, något som denna regering verkar ha glömt.

Jag kan förstå att den Moderata justitieministern vill visa handlingskraft i en tid av ökad kriminalitet. Det är en legitim strävan att vilja skapa ett tryggare samhälle. Men vad jag har svårare att förstå är hur han samtidigt kan vara så villig att nedmontera de rättigheter och friheter han tidigare försvarat. Genom att utnyttja människors rädsla har han funnit ett medel för att driva igenom åtgärder som i slutändan försvagar vår demokrati.

Den politik som nu förs kommer inte att drabba de mäktiga och rika mest. Det är de svagaste och mest utsatta i vårt samhälle som kommer att känna av den hårdast. Och trots att majoriteten av oss aldrig begår brott, kommer vi alla att övervakas, våra liv granskas, våra handlingar misstänkliggöras. Den tillit till staten och samhället som är så viktig i en rättsstat riskerar att brytas ned när vi behandlas som potentiella brottslingar snarare än medborgare med rättigheter.

I stället för att satsa på kortsiktig och populistisk straffpolitik, som fördjupar de klyftor som redan finns i samhället, borde vi satsa på att bygga upp samhällsstrukturer som främjar rättvisa och jämlikhet. Vi borde investera i jobb, utbildning och ett starkt civilsamhälle   för det är där de långsiktiga lösningarna finns.

Att försöka lösa kriminaliteten genom hårdare tag är att behandla symptomen, inte orsakerna. Ett samhälle som präglas av ojämlikhet och exkludering kan aldrig bli tryggt, oavsett hur många övervakningskameror eller hur mycket avlyssning som införs.

Vår frihet prövas inte när allt går väl, utan när krisen är som störst. Det är nu vi måste vara vaksamma. Vi har inte råd att låta tvångsåtgärder bli den nya normen om vi vill bygga ett starkt och rättvist samhälle.

Frihet och rättvisa kan inte existera om vi börjar ge upp våra principer när vi ställs inför svåra tider. Det är nu, mer än någonsin, som vi behöver hålla fast vid de värden som bygger en hållbar demokrati.

Och en fråga som ekar inom mig: Var finns oppositionen? Var är de röster som borde stå upp och försvara våra principer när vi behöver dem som mest?

Det är inte bara makthavarna som har ansvar för att upprätthålla demokratin, utan också de som står i opposition. Deras tystnad är oroande, för det är i tider som dessa som vi mest av allt behöver en kraftfull motvikt till en regering som riskerar att gå för långt i sin strävan efter makt och kontroll.

Kraften i förändring

Jag ser ett land där mörka skuggor hotar,
där lögnerna växer som ogräs,
men jag vet att det finns en kraft starkare än detta,
en kraft som kan förändra,
en kraft som finns inom mig, inom oss.
Vi har sett tystnaden försöka kväva oss,
men vi har också känt elden i vårt inre,
den eld som inte kan släckas,
den vilja som vägrar att ge upp.
Vi är här för att bryta tystnaden,
för att skapa något nytt,
något bättre, något sant.
De krafter som vill hålla oss tillbaka,
som sprider hat och rädsla,
de är starka, men vi är starkare.
Vi bär på visioner,
på drömmar om ett samhälle där alla kan växa,
där ingen lämnas utanför,
där rättvisa inte bara är ett ord,
utan en verklighet vi bygger tillsammans.
Jag ser en framtid där vi står enade,
där vi lyfter varandra,
där våra röster inte tystas,
utan ekar genom historien.
Vi är de som vågar tro på förändring,
de som ser ljuset i mörkret,
de som vet att varje handling räknas,
att varje steg framåt är ett steg mot frihet.
Och jag är en av dem,
en av de många som inte ger upp,

som ser möjligheterna där andra ser hinder,
som vet att kraften att förändra,
finns i våra hjärtan, i våra händer.
Vi är här för att skapa en ny tid,
en tid av hopp, av rättvisa, av kärlek.
Vi kommer att lyckas,
för vi är kraften som förändrar världen.

Frihet är vår dyrbaraste skatt

Frihet är vår mest värdefulla skatt, men den kommer aldrig utan kamp eller ansträngning. Den kräver vår uppmärksamhet, vår vilja och vår hängivenhet för att förbli intakt.

Det är lätt att tro att friheten är självklar, att den alltid har funnits och alltid kommer att finnas, men detta är en farlig illusion. Frihet är inget som ges till oss som en gåva från dem som har makt, utan något vi själva måste kämpa för och ständigt återerövra.

Genom historien har frihetens låga hållits vid liv av dem som vågat stå emot förtryck och som vägrat acceptera inskränkningar i sina rättigheter.

Maktens natur är sådan att den alltid söker koncentrera sig, att den vill dominera och begränsa. Makt avskyr andras frihet, eftersom en fri och medveten befolkning hotar dess existens.

I maktens värld är det en självklarhet att friheten ska begränsas och hållas under kontroll, att den bara ska tillåtas blomstra så länge den inte hotar det rådande systemet. Genom utstuderade och ibland osynliga metoder arbetar makthavare för att steg för steg minska vår frihet, och ofta sker det så långsamt att vi inte märker det förrän det är för sent.

Det är här faran ligger – i vår brist på vaksamhet, i vår tendens att bli upptagna och distraherade av livets små och stora bekymmer. Medan vi är försjunkna i våra egna liv, pågår en ständig kamp om vår frihet. Varje inskränkning, varje liten justering av våra rättigheter, varje försök att tysta opposition eller begränsa våra röster är ett slag mot friheten. Och när vi inte är tillräckligt uppmärksamma, när vi inte reagerar, blir vi långsamt av med det mest värdefulla vi har.

Men frihet är också obeveklig. Den kräver att vi ständigt är redo att försvara den. Det är en kamp som aldrig tar slut, som inte ger oss någon tid för vila eller eftertanke. Det är en ständig strävan som kräver vårt mod, vår vilja att säga ifrån och vår förmåga att stå emot när vi ser orättvisor. Varje generation måste föra sin egen kamp för friheten, och vi får aldrig ta för givet att den är garanterad för all framtid.

Ändå finns det något djupt inspirerande och glädjande i denna kamp. Att leva ett liv i ständig strävan efter frihet ger våra dagar mening och djup. Vi känner att vi kämpar för något större än oss själva, för något fundamentalt som binder oss samman som människor.

Frihetens väg är inte bara en kamp; den är också en källa till stolthet och gemenskap. Att veta att vi står upp för det rätta, att vi försvarar rätten för alla att leva fritt, ger våra liv en särskild betydelse och tillfredsställelse.

Denna kamp är inte bara individuell, utan också kollektiv. Friheten är inget vi kan uppnå eller bevara på egen hand. Vi måste kämpa tillsammans, som jämlikar – kvinnor och män, sida vid sida, oavsett bakgrund eller samhällsställning.

Det är i denna gemenskap som frihetens verkliga styrka ligger. Tillsammans kan vi bygga en framtid där ingen behöver vara slav, där ingen står över någon annan. En framtid där respekt och jämlikhet råder, och där vi tillsammans bygger ett samhälle där friheten blomstrar för alla.

När vi når fram, när vi ser frukterna av vår kamp, då öppnar sig världen som en grönskande äng. Frihetens glädje är som att stå mitt i skogens djup och plötsligt komma ut på en vacker, öppen plats där allt känns möjligt. Där kan vi andas fritt, känna solen på våra ansikten och förstå att vi tillsammans har skapat något vackert och hållbart.

Men denna frihet är skör. Det är lätt att ta den för given och förlora den om vi inte ständigt är på vår vakt. Därför måste vi varje dag, varje månad, varje år påminna oss själva om att friheten inte är en gåva – den är en kamp, en plikt och ett ansvar. Och att det är ett ansvar som vi alla delar.

När vi ser till att friheten bevaras, när vi tillsammans står upp mot de krafter som hotar den, då kan vi vara säkra på att vi bygger en framtid som verkligen är vår. Friheten är både vår största skatt och vår största utmaning – och det är genom att omfamna den kampen som vi når vårt sanna värde som människor.

Välfärdspolitiken: En symbol eller verklig kraft för förändring?

Välfärden, en gång vårt hjärta,
en symbol för rättvisa,
nu ekar den tomt.
Människor pratar om löften,
som aldrig når fram.
Vad händer med en idé,
när den förlorar sin förankring i verkligheten?

Jag har alltid sett välfärdspolitiken som en central del av socialdemokratins identitet, en symbol för rättvisa och jämlikhet. Men med tiden har jag börjat ifrågasätta om den fortfarande har kraften att göra verklig skillnad, eller om den har förvandlats till en tom symbol – ett mantra som upprepas, men där de konkreta handlingarna saknas.

Vi talar ofta om »välfärd för alla«, men jag undrar hur många som faktiskt känner att de får del av den. Det finns en påtaglig skillnad mellan det som sägs och det som människor upplever i sin vardag.

Välfärden riskerar att bli en kliché, en idé som har tappat sin substans, och jag ser hur förtroendet för den sakta urholkas. Har välfärden, som en gång var en stöttepelare, blivit något vi håller fast vid mer av vana än av övertygelse?

Det gör mig fundersam över varför förtroendet för politiken och välfärdssystemet har minskat så kraftigt. Vad är det som gör att människor känner att de inte längre får den trygghet och de lösningar som en gång utlovades?

En del av mig inser att svaret kan ligga i vår oförmåga att anpassa politiken till den snabbt föränderliga verkligheten. Samhället har genomgått stora omvälvningar, med globalisering, digitalisering och skiftande sociala behov, medan vårt välfärdssystem har stått stilla. Om förtroendet har försvagats, måste jag fråga mig hur vi ska kunna återfå det.

Det räcker inte att ge löften om förbättringar. Det krävs mer. Vi måste återkoppla till de människor vi representerar, förstå deras vardag och verklighet på djupet.

Vi kan inte längre nöja oss med att tala om en bättre framtid; vi måste börja lyssna – på riktigt – och agera utifrån det människor upplever och vill förändra. Det handlar om att göra välfärdspolitiken levande igen, att visa att den inte bara är en nostalgisk symbol, utan en verklig kraft som kan förbättra livet här och nu.

För mig är den största utmaningen att skapa en politik som inte bara pratar om välfärd, utan som också lever upp till de löften vi ger. Människor måste kunna se och känna att politiken gör en verklig skillnad i deras liv.

Och då krävs att vi vågar möta dagens nya utmaningar och att vi inte bara förvaltar gamla system, utan förnyar och anpassar dem till samtidens behov. Vi måste modernisera välfärdssystemet, men också återupprätta en äkta dialog med medborgarna.

Om vi vill återta vår roll som en kraft för förändring, måste vi våga ifrågasätta våra egna strukturer och metoder. Det handlar inte längre bara om att bevara välfärden som ett minne av vad som varit, utan om att förvandla den till ett dynamiskt system som kan möta de behov som människor har idag.

Genom att återknyta kontakten med medborgarna och visa att vi är förankrade i verkligheten – och inte är en avlägsen, elitstyrd makt – tror jag att vi kan återvinna det förtroende som har gått förlorat.

Framtiden för välfärdspolitiken ligger inte i fler löften. Den ligger i vår förmåga att agera och att visa genom konkreta handlingar att vi kan göra skillnad.

Det är bara genom handling som vi kan bevisa att välfärdspolitiken fortfarande är en verklig kraft för förändring, och inte en symbol för något som har passerat.

Mellan ord och handling,
där förtroende växer.
Hur återbygger vi bron,
när den känns så bräcklig?
Vi lyssnar, men hör vi?
Vi lovar, men lever vi upp till det?
Människorna har talat,
men har vi verkligen lyssnat?

Det behövs mer än plåster

Varje dag är fylld av våldets eko,
rapporter om rån och mord,
en ström av ord som gör oss bedövade,
men under ytan växer ilskan,
frustrationen som ingen vill tala om.

Politikerna ropar efter fler vakande ögon,
hårdare tag, tyngre straff.
Men det finns en tomhet i deras löften,
en oförmåga att se djupet,
att förstå varför unga dras till mörkret.

Här, i vårt land, ser jag broschyrer och tomma ord,
som om pappersark kunde läka decennier av sår,
som om vi kunde ignorera de klyftor vi byggt,
och tro att allt kan lösas med hårdare tag.

Men i mitt hjärta vet jag,
det är vårt eftersatta samhälle som bär skulden,
ett samhälle som misslyckats att vårda,
att ge alla en chans.

Vi behöver något mer än plåster,
vi behöver förändring på djupet,
en ny väg, där social rättvisa inte är en dröm,
utan en verklighet,
en spegel där vi ser oss själva,
och äntligen tar ansvar.

Har vi tappat bort oss själva?

Vi trodde att klyftorna minskade,
att stegen blev kortare.
Men här står vi,
i ett samhälle som återigen splittras.
De unga, pensionärer, invandrarna, ensamstående föräldrar,
de bär tyngden av våra misslyckanden.
Hur kunde vi låta det ske,
när vi en gång kämpade för något annat?

Jag ställer mig frågan: Har Socialdemokraterna blivit ett medelklassparti? Det är en fråga som känns mer och mer relevant när jag ser hur partiet, som historiskt har kämpat för samhällets mest utsatta, nu verkar ha vänt sitt fokus mot en grupp som redan har det relativt bra.

Vad händer när de mest marginaliserade i samhället inte längre känner sig inkluderade eller representerade? Har socialdemokratin förlorat sin grundläggande identitet som en rörelse för alla, och inte bara för de som har en stabil ekonomi och ett skyddsnät?

Socialdemokratins rötter finns i arbetarrörelsen. Den har alltid drivits av en vilja att skapa ett samhälle präglat av rättvisa, jämlikhet och solidaritet. Men när jag ser hur samhällsstrukturerna har förändrats, och hur medelklassens inflytande har vuxit sig starkare, börjar jag undra om partiet har fjärmat sig från sitt ursprungliga syfte. Har det blivit så att socialdemokratin, i sin strävan att tilltala den växande medelklassen, har glömt bort de mest utsatta?

Jag frågar mig hur partiet återigen kan bli en kraft som driver på för rättvisa och solidaritet för alla – inte bara för de som kan köpa sig trygghet genom privata lösningar.

Är det ens möjligt att förena medelklassens intressen med en politik som också omfattar de allra svagaste i samhället? Kan socialdemokratin hitta en balans där medelklassens behov av stabilitet och ekonomisk tillväxt samexisterar med de mest utsattas behov av grundläggande trygghet och rättvisa? Eller står partiet inför ett oundvikligt vägval?

Om man fortsätter att fokusera på den ekonomiskt och socialt stabila medelklassen, finns risken att man förlorar sitt fokus på de som är i störst behov av politisk representation. Jag ser en utmaning i att återuppväcka den radikala kraft som en gång definierade socialdemokratin, samtidigt som partiet måste navigera i en politisk verklighet där medelklassen utgör en allt större och inflytelserikare del av väljarkåren.

Det är lätt att fastna i frågor om tillväxt och ekonomisk stabilitet, men dessa får inte hanteras på bekostnad av de mest sårbara i samhället.

Om socialdemokratin ska återta sin roll som en bred samhällsrörelse måste den våga lyfta blicken och återigen föra en politik som går bortom plånboksfrågor och istället fokuserar på de grundläggande mänskliga värdena – rättvisa, jämlikhet, solidaritet och mänskliga rättigheter.

Jag inser att det inte är en enkel uppgift. Men om partiet vill återerövra sin position som en samhällskraft för alla, måste det våga utmana dagens läge och återupprätta sin vision om ett samhälle där ingen lämnas bakom, oavsett om de tillhör medelklassen eller de mest utsatta.

Frågan är inte om detta är möjligt, utan om partiet är villigt att ta sig an denna utmaning.

Framtidsvisioner och verklighet:
Kan de förenas?

Framtiden väntar på oss,
men vi står stilla,
osäkra på vad vi ser.
Var är drömmarna vi en gång hade,
de stora idéerna som fyllde oss med hopp?
Nu talar vi i försiktiga ordalag,
rädda för att lova mer än vi kan hålla.
Men vad är en rörelse utan en vision?

Jag har länge tänkt på hur framtidsvisioner har varit en central del av politiska rörelser, och särskilt viktigt är det för socialdemokratin. Men idag känns det som att det råder en påtaglig brist på idédebatt inom partiet.

Jag ser hur detta gör det svårt att skapa den entusiasm och riktning som krävs för att både medlemmar och väljare ska kunna känna sig inspirerade. Varför är det så? Varför är det så svårt att formulera en framtidsvision som människor verkligen kan tro på och samlas kring?

En förklaring som jag ser är att socialdemokratin har blivit alltför pragmatisk och försiktig. Det verkar finnas en rädsla för att drömma stort, att våga formulera de djärva visioner som en gång drev rörelsen framåt. Jag undrar om partiet har förlorat kontakten med de ideal som tidigare fungerade som en kompass i politiken.

Om socialdemokratin inte kan erbjuda en trovärdig och inspirerande vision för framtiden, hur kan man då förvänta sig att människor ska engagera sig och känna hopp inför politiken? För mig är detta en av de största frågorna.

Partiet behöver en levande idédebatt, där olika perspektiv

och framtidsdrömmar får frodas och växa, för att på så sätt skapa en tydligare väg framåt.

Samtidigt ser jag en annan utmaning: Hur kan partiet säkerställa att dessa visioner inte bara blir tomma löften? Det är lätt att tala om stora idéer, men om de inte kan omsättas i verkligheten riskerar visionerna att framstå som orealistiska och avlägsna.

Utan en realistisk koppling till det samhälle vi lever i, blir dessa visioner just bara ord – utan den kraft att skapa förändring som människor längtar efter.

Jag tror att det är avgörande för socialdemokratins framtid att dessa framtidsvisioner inte bara är attraktiva på pappret, utan också genomförbara. Men att förena vision med verklighet är en utmaning. Det kräver att partiet är villigt att tänka nytt och samtidigt behålla sin förankring i de grundläggande idealen om rättvisa, solidaritet och jämlikhet.

Det handlar inte bara om att måla upp en bild av en bättre framtid, utan också om att säkerställa att de lösningar som föreslås kan fungera i den komplexa verklighet vi lever i.

Jag ser att visionerna behöver både djärvhet och realism för att kunna engagera människor. Om visionerna är för vaga eller orealistiska riskerar de att förlora sin kraft och trovärdighet. Men om de å andra sidan är för försiktiga och begränsade av nuvarande realiteter, så kommer de inte att inspirera till den förändring som verkligen behövs.

Socialdemokratin måste hitta balansen mellan dessa två – att drömma om en bättre framtid och samtidigt arbeta för att denna framtid faktiskt kan förverkligas. Utan denna balans mellan vision och verklighet ser jag en risk att partiet förlorar sin relevans. Människor behöver känna att det finns en riktning, ett mål och en plan för hur vi ska ta oss dit.

Genom att kombinera sina framtidsvisioner med konkreta

och genomförbara planer tror jag att socialdemokratin återigen kan bli en rörelse som engagerar och inspirerar, en kraft för förändring som tar människors verklighet på allvar.

Roten till demokratins kris?

Varför har vi hamnat här, där människor känner sig maktlösa,
bortkopplade från den politik som en gång var deras röst?
Har vi blivit för toppstyrda, för slutna i våra egna kretsar?
När människor vänder sig bort, vad betyder det för vår framtid?
Kan vi återbygga en demokrati, som lever, som andas med folket?
Där röster verkligen hörs och varje beslut känns som deras?

Jag har tänkt mycket på den pågående krisen inom den representativa demokratin, och det väcker djupa frågor. Hur har vi hamnat här? Varför är det så många människor som känner att de inte längre har något inflytande över politiken?

Denna växande känsla av maktlöshet är inte bara ett symtom på ett större problem – det är en varningssignal om att något är allvarligt fel i vårt politiska system.

En bidragande faktor, som jag ser det, är hur partierna har utvecklats. De verkar ha blivit alltmer toppstyrda och slutna. Politiken, som en gång byggde på folkrörelser och gräsrotsengagemang, har blivit byråkratisk och hierarkisk.

Det känns som om många människor inte längre ser sig själva som aktiva deltagare i det demokratiska systemet, utan snarare som passiva åskådare. Denna distans mellan folket och de politiska beslutsfattarna känns alltmer påtaglig, och den utgör en farlig klyfta.

Jag kan inte undgå att fråga mig själv: Vad innebär det när människor vänder sig bort från politiken? När valdeltagandet sjunker och engagemanget falnar, är det demokratin som står inför en närvarande utmaning.

Det är inte bara ett problem för partierna eller de politiska institutionerna, utan för hela demokratins legitimitet. Om människor inte längre känner att deras röster räknas, vad återstår då av demokratin?

Trots alla dessa dystra tecken tror jag att det finns hopp om att demokratin kan återuppbyggas och vitaliseras. Men det kräver en ärlig och djup reflektion över hur demokratin fungerar idag.

Är det möjligt att skapa en mer levande och deltagande demokrati? Hur kan vi säkerställa att människors röster verkligen hörs, och att de upplever ett verkligt inflytande över de beslut som påverkar deras liv?

Jag tror att det är nödvändigt att öppna upp politiken och skapa fler möjligheter för direkt och meningsfullt deltagande. Det handlar inte bara om fler val eller politiska kampanjer, utan om att återupprätta en känsla av ägandeskap över det demokratiska systemet. Människor måste känna att deras engagemang spelar roll, att deras röster inte bara hörs utan också påverkar den faktiska politiken.

För att möta dessa utmaningar tror jag att det krävs att politiska partier och institutioner blir mer lyhörda och öppna för förändring. Det är inte hållbart att fortsätta på samma inslagna väg där eliterna styr och medborgarna förväntas acceptera beslut som fattas ovanför deras huvuden.

Demokratins styrka ligger i folkets makt, och jag är övertygad om att den måste återställas om vi ska kunna övervinna denna kris.

Tystnadens mask försvagar demokratin.

Vi lever i en tid där tystnadens lever sitt liv. Och vi lever i den råa vardagen: En värld där ojämlikhet och orättvisa inte är undantag, utan regel. En värld där de rika och mäktiga klamrar sig fast vid sin makt. Medan vi andra sliter i deras skuggor. Nog är nog. Vi står inte längre som åskådare. Vi har fått nog av att leva i ett samhälle som är byggt för att tjäna de få. På bekostnad av de många.

När samhället blir mer ojämlikt, skapas starkare motsättningar mellan människor. När de sociala och ekonomiska klyftorna växer, minskar också tilliten mellan oss. Om vi inte motverkar arbetslöshet och andra sociala problem, vilket ökar risken att människor vänder sig bort från gemensamma lösningar och i stället bara ser till sitt eget och sina närmaste.

I ett sådant samhälle försvagas demokratin. Misstron växer. När sammanhållningen bryts ner, får auktoritära och våldsbejakande ideologier ett starkare fäste.

Kapitalismen har misslyckats – eller lyckats, beroende på hur man ser det. Den har blottlagt sina sanna färger som en självdestruktiv kraft. En maskin som maler ner oss. En efter en, i sin ohejdade jakt på vinst. Vi ser det överallt. Varje kris, varje katastrof är ett bevis på ett system som inte längre kan försvara sig.

Vi har blivit itutade att produktion som förstör mer än den skapar ändå är lönsam. Men det gäller bara för några få. De som sitter på toppen av denna pyramid. Det här är inte längre acceptabelt. Vi tänker inte längre titta på medan de krossar oss under sina klackare.

Det är dags att vi skakar om. Att vi river ner det som håller oss tillbaka. Vi behöver inte fler ord. Vi behöver handling. Vi har kraften. Vi har verktygen. Och vi har varandra. Och vi kan!

Kraften finns i oss. Den ger oss all den energi vi behöver för att kasta av oss kapitalets kedjor. Det går att skapa en värld där vi bryter oss fria från deras grepp. Där vi tar tillbaka kontrollen över våra liv. Det handlar inte om drömmar längre. Det handlar om verklighet – vår verklighet.

Vi behöver inte de stora företagen för att överleva. Vi kan, vi måste, bygga ett system där vi kontrollerar vår egen framtid. Vi tänker inte längre lita på banker och andra marknader. Som lever i överflöd genom oss. Vår kollektiva kraft ska rätta till där systemet har svikit.

Men låt mig vara tydlig. Detta kommer inte att ske av sig självt. Det krävs mod. Det krävs styrka. Och framför allt krävs det att vi agerar nu.

Vi behöver inte bankernas nåd. Vi behöver inte storföretagens smulor. Vi behöver varandra. Vi kan skapa den värld vi vill leva i, här och nu. Inte sitta i väntan på löften som aldrig kommer. Inte längre i en väntan på att de ska ge oss det vi förtjänar. Vi ska ta det genom demokratiska beslut och aktiv handling.

Kapitalet har länge berikat sig självt, på vår bekostnad. Men vi ser igenom det. Att tala om tillväxt när våra barn går hungriga är inget annat än en förolämpning. Att tala om yttrandefrihet när de kontrollerar våra medier är ett hån. Och vi tänker inte längre acceptera det.

Vi ser också hur extremhögern växer. Polerad men lika farlig som alltid. De vill inte ha vår frihet – de vill ha makt över oss. Tysta oss.

Men vi tänker inte tystas. Vi står upp för vår rätt att leva fritt. Inte låta dem kväva oss genom skrämsel. Ej heller splittra oss. Vi slår tillbaka. Inte bara med ord, utan med handling. Vi försvarar våra rättigheter. Skapar gemenskap. Bygger en framtid där vi själva har makten.

Om du känner ilskan växa, så är du inte ensam. Vi är många, och tillsammans är vi starkare än de någonsin kan förstå.

Vi kan inte förändra världen själva. Men tillsammans kan vi krossa de system som frambringar ekonomisk ojämlikhet och orättvisa. Kampen gäller att få en värld där rättvisa, jämlikhet och frihet inte bara är ord, utan verklighet. En kamp där hopp inte är något vi får, utan något vi tar. Något vi bygger, med våra egna händer och i samverkan med andra.

Det är dags att agera. Det är dags att vinna tillbaka vår framtid.

Klimatfrågan får inte bli ett lik i lasten

Framtiden vilar tung i mina tankar,
jag ser en väg som leder fel.
Elbilar som står stilla,
vindar som inte längre snurrar,
och tågrälsen som rostar bort.

Vi vänder tillbaka,
mot fossila drömmar och flygande planer,
medan marken vi går på bränner hetare.
Utsläppen växer, målen bleknar,
och regeringen ser åt ett annat håll.

Jag bär en oro för vad vi lämnar kvar,
till de som kommer efter oss.
Vi kan göra rätt, vi kan välja om,
men tiden är inte på vår sida.

Jag kan inte låta bli att känna en allt större oro över den riktning Sverige har tagit när det gäller klimatfrågan.

Vi står inför enorma utmaningar, men i stället för att ta dem på allvar verkar regeringen montera ner de verktyg som krävs för att bygga en hållbar framtid. Det är som om vi medvetet väljer att backa in i framtiden, och det gör mig både frustrerad och rädd.

Mitt eget parti Socialdemokraterna har brist på tydligt och starkt ledarskap i dessa frågor. Det har blivit alltmer uppenbart att klimat- och miljöpolitiken har överlämnats till Miljöpartiet, vilket är oacceptabelt. Klimatfrågan är alldeles för viktig för att reduceras till enbart partitaktik eller läggas i händerna på andra.

Socialdemokraterna måste driva dessa frågor hårt och målmedvetet, oberoende av Miljöpartiet och Centerpartiet. Detta är en fråga som påverkar oss alla, och det är dags att ta ansvar för att säkra en hållbar framtid.

Klimatpolitiken står stilla – eller går bakåt

Ett tydligt exempel på denna tillbakagång är hur elektrifieringen av våra transporter har börjat avstanna. Elbilar, som länge har varit en viktig del av lösningen, blir allt mindre tillgängliga när regeringen drar tillbaka stödet. Volvo, en gång en ledstjärna i omställningen, har nu tvingats överge sina ambitioner om eldrivna fordon.

Det är ingen överraskning. Människor vänder sig återigen till bensin- och dieselbilar, inte för att de vill, utan för att politiken styr dem dit. Och med varje ny fossilbil låser vi fast oss i ett system som är både dyrt och skadligt för miljön.

Samtidigt ser jag hur vindkraften, en av våra största möjligheter till ren energi, blockeras. Ansökningar om landbaserad vindkraft avslås på löpande band, och storskaliga projekt som Kriegers flak stoppas.

Detta är inte bara ett svek mot klimatet – det är en ekonomisk och strategisk missräkning som höjer elpriserna och skrämmer bort investerare.

Och som om det inte vore nog har regeringen dessutom valt att subventionera flyget och låta järnvägen förfalla. Tågtrafik läggs ner, storslagna planer på nya stambanor stoppas, och flyget gynnas genom avskaffad flygskatt. Vad säger det om vår framtidsvision? Att vi ska flyga mer och bygga fler motorvägar medan planeten brinner?

Vi kan inte blunda längre – utsläppen ökar

Och medan allt detta pågår ökar utsläppen. Vi är på väg att missa alla våra klimatmål, både de nationella och de vi har förbundit oss till inom EU. Det är inte bara statistik. Det är vår framtid som står på spel.

Vad betyder tre graders uppvärmning? Det betyder obrukbar jord, kuststäder som försvinner under vattenmassor, miljarder människor som tvingas fly, ekosystem som kollapsar.

Det låter som en dystopi, men det är den verklighet vi rör oss mot – en verklighet regeringen inte bara accepterar utan aktivt bidrar till.

Jag kan inte längre acceptera denna passivitet. Varje år som går utan handling höjer priset för klimatanpassning, återuppbyggnad och lidande. Det finns inga ursäkter längre. En majoritet av svenskarna känner klimatoro, sju av tio vill att politiker gör mer, men ändå ignoreras vi.

Socialdemokraterna måste ta större plats i klimatfrågan

Sverige har resurser, kunskap och möjligheter att bli en global förebild i klimatarbetet. Vi kan bygga en framtid baserad på förnybar energi, elektrifierade transporter och hållbara lösningar. Vi kan bli landet som visar världen att förändring är möjlig.

Men för att det ska ske krävs ett politiskt ledarskap som vågar prioritera klimat och miljöfrågor – och det ansvaret måste Socialdemokraterna axla.

Socialdemokratin har historiskt sett varit en rörelse som har förändrat samhället i grunden – vi har byggt välfärd, drivit fram jämlikhet och skapat ekonomisk stabilitet.

Nu måste vi ta samma ledande roll i klimatkampen. Det duger inte längre att låta klimatfrågan reduceras till något perifert, ett sidospår som hanteras av andra partier.

Det behövs en Socialdemokrati som inte backar undan, utan tar initiativet och driver en modig, offensiv grön politik. Det är dags att kliva fram, ta ansvar och visa att klimatpolitiken är en kärna i vår framtidsvision

Klimatfrågan är alldeles för viktig för att reduceras till enbart partitaktik eller läggas i händerna på andra.

Framtiden kräver visioner

Allt handlar om förändring.
Är vi redo att släppa in det nya,
att bli en kraft som människor kan tro på igen?
Det är lätt att tvivla,
men var det inte förändring
som en gång var vår kärna?
Att våga drömma,
att tro på en bättre värld.
Utan drömmar stannar framtiden.
Hoppet ligger i att åter hitta den drömmen,
att våga tro att förändring är möjlig.
Men för att få tillbaka förtroendet,
måste vi ifrågasätta oss själva.
Är vi redo att möta den utmaningen?

När jag betraktar den politiska diskussionen idag, blir det tydligt att kärnfrågan handlar om förändring. Jag frågar mig om socialdemokratin är redo att förändras, att öppna sig för nya idéer och återigen bli en rörelse som människor känner sig engagerade i.

Det är lätt att känna en viss pessimism inför de många utmaningar som partiet och samhället står inför, men samtidigt ställer jag mig en avgörande fråga: Har inte socialdemokratin alltid handlat om just förändring?

Historiskt sett har partiet byggt sin identitet på viljan att skapa en bättre värld, där rättvisa och jämlikhet står i centrum. Jag tänker på hur socialdemokratin en gång vågade drömma om stora samhällsförändringar och arbetade hårt för att förverkliga dessa drömmar.

Kanske ligger hoppet i att återigen finna den kraft som en

gång drev partiet framåt, en kraft som bottnade i övertygelsen om att verklig förändring är möjlig.

Att återvinna människors förtroende kräver dock mer än bara ord. Jag ser att det krävs att partiet vågar ställa de svåra frågorna om sin egen roll i dagens samhälle och om de strukturer som det har varit med och skapat.

Är partiet redo att ifrågasätta gamla maktstrukturer och öppna sig för nya perspektiv? Om inte, riskerar socialdemokratin att förlora sin relevans i en värld som förändras allt snabbare.

I en tid där många människor känner sig avkopplade från traditionell politik, är det avgörande att våga tänka nytt och återerövra förmågan att drömma om en bättre framtid.

För att möta framtidens utmaningar – från klimatkrisen till ekonomisk ojämlikhet och social exkludering – inser jag att det inte räcker med små justeringar. Det behövs stora och djärva visioner, visioner som vågar sträcka sig bortom det bekanta och trygga.

Om socialdemokratin kan återupptäcka denna visionära kraft, ser jag en möjlighet att återfå det förtroende som har gått förlorat. Men detta kräver också mod. Mod att ifrågasätta sig själv, mod att konfrontera gamla strukturer och mod att omfamna förändring.

Jag kan inte undgå att fråga mig, om partiet inte tar sig an denna utmaning, vad säger det då om dess framtid? Att undvika förändring kan innebära att fortsätta på en väg som långsamt för partiet längre bort från de ideal och drömmar som en gång definierade det.

Å andra sidan, om partiet är redo att ställa de svåra frågorna och omfamna den förändring som krävs, ser jag en chans för socialdemokratin att återigen bli den ledande politiska kraften.

Framtiden kräver visioner, och det är upp till partiet att avgöra om det är redo att möta denna utmaning.

Socialdemokraterna måste släppa loss sin rebelliska själ?

Den svenska politiken har skiftat på ett sätt som ingen trodde var möjligt för bara några år sedan. Vi står nu inför en verklighet där ultrahögern, med Sverigedemokraterna i spetsen, har fått allt större inflytande.

En regering har formats genom en cocktail av populism, lögner och ett nära samarbete med ett parti vars rötter sträcker sig tillbaka till nazismens mörka tid. Detta samarbete har inte bara förändrat retoriken utan satt hela vårt demokratiska system under press.

Vi ser nu hur demokratin, folkbildningen och oberoende medier steg för steg monteras ner. Yttrandefriheten och tryckfriheten, som varit hörnstenar i det svenska samhället, hotas när restriktioner införs i snabb takt. Kulturen ska styras, civilsamhället försvagas och föreningslivet, som traditionellt varit en kraft för gemenskap och samhällsutveckling, attackeras.

Vi bevittnar också hur stödet till folkbildningens organisationer dras in, och studieförbunden hotas – särskilt ABF, som verkar vara ett särskilt mål för denna politiska demontering.

Samtidigt har klassamhället blivit allt tydligare. Fattigdomen, som vi en gång hoppades hade utrotats, är åter närvarande i vårt samhälle. Kronofogdens ärendebalanser svämmar över. Barn går hungriga, äldre vanvårdas och sjuka tvingas vänta i långa vårdköer.

Skolan har förvandlats till en kassako för de rikaste, medan flertalet av eleverna halkar efter i det alltmer ojämlika utbildningssystemet.

Samhällets struktur och sammanhållning riskerar att krackelera, och det är de mest utsatta – unga, äldre, invandrare och ensamstående föräldrar, framför allt kvinnor – som får bära den tyngsta bördan. Antalet barn som lever i fattiga hushåll har ökat oroväckande snabbt.

Men medan Socialdemokraterna har förflyttats allt närmare medelklassens intressen, har de svagaste i vårt samhälle blivit alltmer marginaliserade. De stora och vackra orden om rättvisa och solidaritet klingar alltmer ihåligt när de inte omsätts i konkret handling. Det är lätt att lova rättvisa från en talarstol, men svårare att leverera den i praktiken.

Vad som nu saknas är en livfull och engagerad idédebatt inom socialdemokratin. Det behövs en tydlig profil som återigen kan väcka entusiasm och hopp. Partiet måste utmana de orättvisor som sprider sig och öppet diskutera villkoren för verklig jämlikhet.

Det räcker inte längre med att vara ett förvaltningsparti. Socialdemokratin måste åter bli en rörelse av uppror mot orättvisorna, och högerpopulismen måste bemötas med en stark och tydlig vänsterpolitik, inte bara med förvaltning av status quo.

För att kunna möta dagens utmaningar krävs en socialdemokrati som vågar vara mer än bara förvaltare av den nuvarande ordningen. Det behövs fler visionärer, agitatorer och engagerade lyssnare – människor som brinner för att bygga ett samhälle som inkluderar alla.

Socialdemokratin måste återigen bli en bred folkrörelse, där passion, engagemang och rättvisepatos står i centrum. Det handlar om att inte bara fokusera på att behålla makten, utan om att använda makten för att förverkliga människors drömmar om ett rättvist samhälle för alla.

En av anledningarna till att Sverigedemokraterna kunnat stärka sin position är att Socialdemokraterna har tappat bort den visionära debatten. Många av de som nu röstar på SD är inte övertygade rasister, utan besvikna och frustrerade socialdemokratiska väljare som upplever att deras parti har svikit dem. Det är en proteströst mot ett parti som inte längre levererar de förändringar som en gång lovades.

Ändå finns det hopp. Människors engagemang för samhällsfrågor är fortfarande stort. Vi ser det i tidningarnas insändarsidor och på de digitala plattformarna. Åsikter och synpunkter flödar, och dialogen är livlig. Det är detta engagemang Socialdemokraterna måste ta fasta på och bygga vidare på.

För att lyckas måste Socialdemokraterna återigen bli upproriska, forma skarpa och modiga reformer, och våga tänka stort och nytt. Debatten måste vara livlig, öppen och fri – ingen fråga ska vara för stor eller för svår att ta upp. Partiet måste tydliggöra sina visioner och fokusera på lösningar för de problem som människor faktiskt upplever i sin vardag.

Samtalet måste breddas, och Socialdemokraterna måste vägra låta högern begränsa diskussionen till snäva, förenklade perspektiv. Det handlar om att återta visionerna om ett jämlikt och rättvist samhälle.

Enda vägen framåt är en offensiv, progressiv politik som utmanar högern och försvarar välfärdens grundpelare.

Den socialdemokratiska rörelsen måste växa sig stark igen, med en brinnande vilja att förändra och förbättra samhället.

Bara så kan vi stoppa nedmonteringen av välfärden och bygga en framtid där rättvisa och jämlikhet åter är självklara grundpelare.

Ett land i förfall – när regeringen vänder ryggen till

Vindarna kunde kan vara vår räddning. De kan bära oss framåt. Ge oss kraften att ställa om, och stå starka i en tid där elen är livsnerven för både klimat och konkurrenskraft.

Men i stället låter den här regeringen vindarna mojna. Bli betydelselösa. Kärnkraft är viktigare för dem. Deras politik är inte bara ett misslyckande – den är ett svek.

I många år har Sveriges industrier vädjat om handling. Kraven har varit; Bygg ut elproduktionen, satsa på förnybart, ge oss verktygen vi behöver för att klara omställningen och säkra jobben.

Men regeringen gör det motsatta. De ser till att Vattenfall skrotar sina planer på havsvindkraft. De stoppar 13 vindkraftsparker i Östersjön – anläggningar som kunde ha levererat tre gånger mer än kärnkraftens totala produktion förra året.

Försvarsmaktens invändningar blev en bekväm ursäkt, men någon lösning för energibehovet? Den lyser med sin frånvaro.

I stället talar regeringen om kärnkraft. Som om det vore en magisk lösning. Men de glömmer att nya reaktorer är minst 10–15 år bort, och att vi behöver elen nu.

Och kostnaden? 300 miljarder i statliga garantier och en höjd elskatt för hushållen i 40 år. Det är en skuldfälla, och det värsta är att inte ens kärnkraftsindustrin själva verkar tro på planen.

Utan blocköverskridande överenskommelser vågar ingen satsa, och trots att Magdalena Andersson sträckt ut handen, vägrar »kärnkraftsolyckan« Ebba Busch sätta sig vid förhandlingsbordet.

Den elen vi faktiskt har flödar billigare till Tyskland än till våra egna hushåll. Regeringens nya elnätssystem gör att svenskarna betalar för att andra ska få billig el. Det är inte bara dålig politik – det är ett hån mot varje svensk familj som sliter med elräkningarna.

Det här är inte ledarskap. Det är en regering som tappat greppet. Utan visioner eller vilja att lösa de problem de själva skapat.

I en tid när vi behöver samarbete, långsiktighet och mod, får vi i stället en regering som blockerar, skjuter upp och förvärrar.

Det vi saknar är inte energin, den finns runt oss, i vinden, vattnet, ljuset.

Det vi saknar är ledarskapet, viljan att bygga, att tro, att se längre än nästa debatt, nästa rubrik.

Så står vi här, mitt i stormens stiltje, med händer som kunde byggt framtiden, men som i stället knyts i frustration.

För vad är ett land som varken satsar, samarbetar, eller tror på sin egen kraft, och har en regering som klarar inte sitt upp-drag?'

Tankar om ansvar och framtidens fred

Varje dag nås jag av rapporter om fruktansvärda krigsbrott mot civila i Gaza. Israel, med sin högernationalistiska regering, anklagas nu för folkmord. Det gör ont i mig att veta att över 40 000 palestinier har mist livet sedan den 7 oktober – och de flesta är kvinnor och barn. Det är hjärtskärande och outhärdligt att tänka på, och det krävs ett omedelbart eldupphör. Nu.

Mitt i all denna smärta och förtvivlan finns ändå små gnistor av hopp. FN:s säkerhetsråd som har röstat igenom en resolution om eldupphör mellan Israel och Hamas. Jag klamrar mig fast vid detta lilla ljus. Dessutom undersöker FN nu om både israeliska styrkor och Hamas har begått krigsbrott. Det känns som en nödvändighet att de ansvariga ställs inför rätta.

Men vad som gör mig verkligt förkrossad är den svenska borgerliga regeringens ofattbara tystnad och passivitet. Varför säger de ingenting? Hur kan de bara stå och se på medan dessa krigsförbrytelser pågår, utan att ens våga höja rösten? De verkar helt sakna både vilja och förmåga att stå upp för det som är rätt.

Jag känner en djup sorg över hur Sverige, som en gång var en stark röst för internationell rätt, nu har tystnat. Det känns som om vårt land har förlorat sin själ under Sverigedemokraternas inflytande.

Men vi får inte låta detta vara slutet. Vi kan inte bara blunda och låtsas som om inget har hänt, och återgå till den situation som rådde före den 7 oktober 2023 – en verklighet präglad av en decennier av ockupation. Jag är rädd att om vi gör det, är det bara en fråga om tid innan nästa blodbad sker.

Jag kan inte acceptera att vi bara står och ser på. Jag och många andra är motståndare till Israels illegala ockupation av Västbanken och Östra Jerusalem. Jag vill se ett slut på detta.

Jag kräver att blockaden av Gaza hävs, och att Israels illegala bosättningspolitik stoppas.

Det internationella samfundet och FN har om och om igen fastställt att Israels ockupation av Palestina är olaglig, och den måste upphöra. Det våld som nu riktas mot civila palestinier i Gaza är en påminnelse om denna orättvisa. Att denna ockupation har tillåtits pågå i så många år, och att kriget i Gaza nu har rasat i mer än ett år är ett fullständigt misslyckande för internationell rättvisa och mänskliga rättigheter.

Det är svårt att inte känna uppgivenhet. Jag ser hur människor, både i och utanför Gaza, förlorar hoppet och tilltron till att politiken kan skapa fred och förändring. Det gör mig djupt orolig.

Men jag vägrar tro att det är hopplöst. Jag vägrar ge upp. Förändring är möjlig, så länge vi har den politiska viljan.

Det finns konkreta steg som regeringar kan ta för att sätta press på Israels högernationalistiska ledning och tvinga dem att stoppa kriget och sätta sig vid förhandlingsbordet.

Jag har varit med och fattat beslut om ett starkt uttalande vid ett möte med Malmö Socialdemokraterna. I det kräver vi omedelbart eldupphör, fri passage för hjälporganisationer, en grundlig utredning av krigsförbrytelser, sanktioner mot våldsamma bosättare på Västbanken, förhandlingar om en tvåstatslösning och att Hamas släpper all gisslan.

Det krävs ett permanent eldupphör. Inte bara ett politiskt uttalande. Det är ett rop på rättvisa, på mänsklighet, på fred. Och att vi har en regering som inte hukar sig i dessa frågor.

Varje själ ska räknas

Jag accepterar inte ett land som slår ut,
som låter människor falla i glömska.
Jag vill ha ett land där varje själ räknas,
där ingen tvingas leva i skuggan av sitt värde.
Jag vill inte vandra på stigar
där pressen kväver och hjärtan slits ut.
Styrda av obarmhärtiga domare
och en marknad som väger oss på en kylig våg.
Jag vill bygga en annan väg.
En där händer sträcks ut när någon snavar,
där ingen pressas ut i marginalen
eller förlorar rätten att drömma.
Jag vänder mig bort från den kallaste av vägar,
låter inte klyftor gräva sig djupare.
Jag vill riva murarna, resa broar,
skapa ett samhälle av värme och kraft.
Där ska varje röst höras,
varje ansikte synas i ljuset,
och hjärtan som slår i samklang.
Inte vara en kugge i ett ekorrhjul,
Jag accepterar inget mindre.
Varje liv är värt att leva,
varje själ räknas.

Glöden måste återuppfinnas.

Framför mig ligger förslaget till ett nytt socialdemokratiskt partiprogram. Det har skickats på remiss inför partikongressen i maj 2025. Efter att ha läst det känner jag en saknad: inte av erfarenhet eller ambition, utan av en glödande vision. Det som saknas är hoppet – det rebelliska framtidshoppet.

I stället för en inspirerande vision om ett bättre samhälle framstår programmet som en försiktig strategi. En politik som väcker så lite motstånd som möjligt, men som heller inte inspirerar någon. Det är som om vi har glömt vårt uppdrag: att leda med en tydlig idé om rättvisa och jämlikhet, oavsett varifrån vinden blåser.

I detta läge har Socialdemokraterna glidit närmare medelklassen, och de mest utsatta har lämnats i skuggan. Vackra ord om rättvisa och solidaritet räcker inte längre. Partiet måste återfå sin förmåga att driva idédebatt och vara en rörelse som vågar utmana orättvisor, skapa entusiasm och framåtblickande visioner. Högerpopulismen måste mötas med en stark vänsterpolitik – inte med förvaltande av status quo.

Under två år har partiet arbetat med att lyssna på rörelsen – samlat idéer och diskuterat riktningar. Men slutresultatet känns inte förankrat i rörelsen, utan som en kompromiss driven av opinionsmätningar och styrelserum. Det är som om vi har beräknat var vi inte får gå fel, utan att våga fråga oss vart vi egentligen vill.

Det är tydligt att partiet har anpassat sig till högervinden, i hopp om att locka väljare som kanske annars skulle rösta på Sverigedemokraterna. Men vi måste ställa oss frågan: varför skulle någon som söker hårdare tag välja oss framför dem som redan äger den politiken? Och vad händer med dem som längtar efter något annat – ett samhälle byggt på solidaritet och rättvisa?

Detta strategiska skifte är inte bara problematiskt för väljarna, utan också för vår egen rörelse. Hur ska våra medlemmar– de som knackar dörr, organiserar och kämpar – känna engagemang för en politik som saknar inspiration? Hur får vi väljarna att rösta för något som inte väcker hopp?

För att återvinna förtroendet måste vi börja med att lyssna – inte bara på opinionsmätningar, utan på verkligheten. Vi behöver nya ögon: ögon som vågar se samhällets behov och vår rörelses styrka. Partiets själ ligger i förmågan att förena idéer med handling, att visa en tydlig riktning framåt utan att tappa kontakten med gräsrötterna.

Den svenska modellen skapades inte genom att anpassa oss till högerns agenda. Den byggdes på modiga idéer om rättvisa och jämlikhet. Men nu verkar vi ha offrat dessa idéer på röstoptimeringens altare – en strategi som ironiskt nog inte ens fungerar längre.

Pragmatism är viktig, men den måste bottna i en idé. Annars blir makten meningslös. Vad är poängen med att vinna val om vi inte vågar tro på något större? Om vi bara erbjuder en urvattnad version av högerns politik, varför skulle någon välja oss?

Socialdemokraterna måste bli mer offensiva och engagerade. Reformerna vi driver måste vara modiga och framtidsinriktade. Vi behöver formulera en vision som är tydlig, inspirerande och grundad i våra värderingar. En idé om ett samhälle som är mer rättvist och jämlikt. Vi behöver tro på att våra idéer fortfarande är relevanta och bärande, att vår historia kan inspirera framtiden.

Det behövs visionärer och en återgång till en folkrörelse med en glödande vilja att kämpa för ett rättvist samhälle för alla. Bara så kan vi möta dagens utmaningar och skapa morgondagens möjligheter. Det är enda vägen för att rädda välfärden och åter sätta jämlikheten i centrum.

Socialdemokraterna byggde en gång Sverige. Vi kan göra det igen – men bara om vi vågar tro på oss själva och en framtid värd att kämpa för.

Sverige, vem styr dig?

Sverige, du har vandrat i fred,
två sekler av tystnad,
men krigets skugga dröjer kvar.
De säger att ryssen ska komma,
men stövlarna når aldrig hit.
Ändå rustar vi,
krigar utan strid,
kallar det rättfärdigt.
Vapen i hand – är det priset för medborgarskap?
Marken vi kallar vår,
vem får offra livet för den?
Nationalismen frodas,
en giftig blomma i militära rabatter.
Generationer formas,
inte för att slåss,
utan för att bära idén vidare.
Miljarder försvinner,
inte till skola, vård eller omsorg,
utan till skuggornas kammare.
Retorikens hetta tänder lågor,
rädslan gör oss fogliga.
Ett parti stiger ur skräcken,
ett nationalistiskt ljus
som brinner starkast i krigets skugga.
»Svenskfientlighet« –
ett ord som ekar tomt,
en spegelvänd rädsla för det okända.
Men vad döljer sig bakom?
Konspirationer, hot,
ett krig som alltid är nära

men aldrig riktigt här.
Demokratin vacklar när vapnen talar,
och makten växer i rädsla.
Sverige, vem styr dig nu?
En skugga i kulisserna,
en tyst makt
som aldrig kallar sig statsminister.

Kongressdeltagare. Välkomna.

Vi lever i en tid där klyftorna har ökat,
och vi ser verkligheten för vad den är:
en värld där ojämlikhet och orättvisa
inte är undantag, utan regel.
De rika och mäktiga klamrar sig fast vid sin makt,
medan vi andra sliter i deras skuggor.
Nog är nog.
Vi ska inte längre stå som åskådare,
vi har fått nog av ett samhälle
byggt för att tjäna de få
på bekostnad av de många.
Ojämlika samhällen ökar motsättningarna,
sociala och ekonomiska klyftor växer,
tilliten mellan människor minskar.
När arbetslöshet och sociala problem
inte motverkas,
vänder sig människor bort från gemensamma lösningar,
ser bara till sitt och de sina.
Demokratins kraft krymper.
Misstro växer i dess ställe.
Såväl vår historia som vår nutid visar:
auktoritära och våldsbejakande ideologier
vinner mark när sammanhållningen vittrar sönder.
Kapitalismen har blottlagt sina sanna färger,
en självdestruktiv kraft,
en maskin som maler ner oss,
en efter en,
i jakten på vinst.
Varje kris, varje katastrof,
ett bevis på ett system

som inte längre kan försvara sig.
Vi har lärt oss att produktion
som förstör mer än den skapar
ändå är lönsam,
men bara för de få,
de som sitter på toppen.
Det är inte längre acceptabelt.
Vi tänker inte längre titta på,
medan vi krossas under deras klackar.
Det är dags att skaka om,
riva ner det som håller oss tillbaka.
Vi behöver handling, inte fler ord.
Vi har kraften, vi har verktygen,
och vi har varandra – vi kan!
Och kraften finns inom oss,
den ger oss energi att kasta av oss kapitalets kedjor.
Det går att skapa en värld
där vi bryter oss fria,
tar tillbaka kontrollen över våra liv.
Det handlar inte längre om drömmar,
det handlar om vår verklighet.

Vi kan och måste bygga ett system
där vi kontrollerar vår egen framtid.
Vi tänker inte lita på banker och marknader
som lever i överflöd genom oss.
Vår kollektiva kraft ska rätta till
där systemet har svikit.
Men låt mig vara tydlig:
detta kommer inte att ske av sig självt.
Det krävs mod och styrka,
men framför allt,

att vi agerar nu.
Vi behöver inte bankernas nåd,
inte storföretagens smulor.
Vi behöver varandra.
Vi skapar den värld vi vill leva i,
här och nu,
utan att vänta på löften som aldrig kommer.
Vi ska ha det vi förtjänar
genom demokratiska beslut
och aktiv handling.
Kapitalet har länge berikat sig självt,
på vår bekostnad.
Vi ser igenom dem.
Att tala om tillväxt
när våra barn går hungriga
är inget annat än en förolämpning.
Att tala om yttrandefrihet
när de kontrollerar våra medier
är ett hån.
Vi tänker inte längre acceptera det.
Vi ser hur extremhögern växer,
polerad men lika farlig som alltid.
De vill ha makt över oss,
de vill tysta oss.
Men vi tänker inte tystas.
Vi, socialdemokrater,
vi står upp för vår rätt att leva fritt.
Vi låter dem inte kväva oss med rädsla,
inte splittra oss.
Vi kämpar tillbaka,
inte bara med ord,
utan med handling.

Vi försvarar våra rättigheter,
skapar gemenskap,
bygger en framtid där vi själva har makten.
Om du känner ilskan växa,
så är du inte ensam.
Vi är många.
Tillsammans är vi starkare
än de någonsin kan förstå.
Vi kan inte förändra världen själva,
men tillsammans krossar vi det system
som frambringar ojämlikhet och orättvisa.
Vi tar kampen för en värld
där rättvisa, jämlikhet och frihet
inte bara är ord,
utan verklighet.
Det är en kamp där hopp
inte är något vi får,
utan något vi tar.
Något vi bygger,
med vårt eget engagemang,
i samverkan med andra.
Det är dags att agera.
Dags att kämpa.
Dags att vinna tillbaka vår framtid.
Kongressen är ett viktigt led i denna kamp,
ett steg i rätt riktning.
Det syns i de många motionerna,
i förslagen som nu ligger för beslut.
Nu har ni besluten i era händer.
Kongressen är härmed öppnad.

Det nya klassamhället: Vad kan göras?

I skuggan av tystnaden
växer klyftorna, osynliga men djupa.
De bortglömda väntar,
och frågar var rättvisan gömts.
Kan vi höra deras rop,
när vi jagar trygghet för de trygga?
Framtiden kräver mod –
att se, att våga, att förändra.

Det nya klassamhället växer i dagens samhälle. Jag kan inte undgå att känna oro. Ungdomar, invandrare och ensamstående föräldrar är några av de mest utsatta grupperna, och det blir alltmer tydligt hur klyftorna i samhället växer.

Hur har vi hamnat här igen, i ett samhälle där ojämlikheten inte bara kvarstår, utan verkar öka?

Det är slående hur lite dessa frågor diskuteras i den politiska debatten, trots att de påverkar så många människor som varje dag kämpar för att få livet att gå ihop.

Jag undrar vad som kan göras för att åter sätta kampen mot ojämlikhet i fokus på den politiska agendan. Har medelklassens röster blivit så viktiga att vi har glömt de mest utsatta? Om det är så, hur rättar vi till denna obalans?

Det är en stor utmaning för politiken att hitta en balans mellan att möta medelklassens behov och samtidigt ta hand om de mest sårbara i samhället. Men är det ens möjligt att förena dessa två perspektiv i en sammanhållen politik?

Socialdemokratins styrka har historiskt varit dess förmåga att tala till hela samhället – från arbetarklassen till medelklassen – och skapa en känsla av inkludering.

Men i takt med att samhället förändrats och medelklassen

vuxit i både storlek och inflytande, har det blivit svårare att förena dessa olika intressen. De mest utsatta riskerar att hamna längst ner på prioriteringslistan när politiken fokuserar på att vinna breda väljarskaror i mitten.

Att återta kampen mot ojämlikhet handlar inte bara om att lyfta dessa frågor i debatten, utan också om att se till att politiken verkligen levererar resultat för dem som behöver det mest. Men hur gör vi det utan att alienera andra grupper, som medelklassen, som också har legitima behov?

Jag frågar mig om det är möjligt att skapa en politik som gynnar både medelklassen och de mest sårbara, eller om socialdemokratin måste ta ett tydligt ställningstagande för de mest utsatta, även om det innebär att andra grupper får stå tillbaka.

Det nya klassamhället kräver nya svar. De traditionella lösningarna verkar inte längre vara lika effektiva, och socialdemokratin måste hitta nya sätt att möta dessa utmaningar. En politik som minskar klyftorna och ger alla en rättvis chans i livet är inte bara nödvändig för att hålla ihop samhället, utan också för att återupprätta förtroendet för politiken som en kraft för verklig förändring.

Kanske ligger svaret i att återvända till de grundläggande idealen om solidaritet och jämlikhet, samtidigt som vi anpassar politiken till dagens verklighet.

Det handlar om att erkänna att medelklassen inte är den enda gruppen som förtjänar politisk uppmärksamhet, och att de mest sårbara inte bara får ses som en sidofråga, utan måste vara en central del av den politiska agendan.

Vi står här, vid kanten av dåtid och nu,
en rörelse med minnen som tyngd.
Är det kris eller möjlighet?
Hur många steg krävs för att nå kraften,
den vi en gång ägde,
innan vägen försvann i dimman?

Socialdemokratins utmaningar

I denna en inre dialog utforskar jag de många utmaningar och frågor som socialdemokratin står inför idag. Denna fördjupade reflektion försöker ta itu med de frågor som är centrala för social-demokratins framtid. Jag ställer frågor som söker svar, men som också uppmanar till reflektion och handling. Det är en utmaning att möta, men också en möjlighet att återuppliva en politisk rö-relse som kan möta dagens och morgondagens utmaningar med både hjärta och hjärna. Och inte minst viktigt; Det finns hopp.

En gång drömde vi om välfärd, en dröm för alla, men har den nu blivit en skugga, en spegel av det som var? Vi talar om trygghet, om säkerhet, om skydd, men hur många känner ännu värmen från denna famn? Är välfärden nu bara ord, en tom refräng? Upprepad utan tyngd, utan substans, ett löfte i vinden, som ingen längre hör?

Varför har förtroendet för politikens väsen brustit? Har vi förlorat vår röst i en värld som förändras så snabbt? Hur kan vi återfå det band som en gång fanns, mellan dem som valts och de som väljer? Det handlar inte om att lova mer, att locka med gyllene löften, utan om att väcka liv i den förlorade tron, att återigen låta hjärtat slå för det som en gång var vårt.

Marknadens krafter, en gång styrda, nu ohämmade, kan vi ens längre kontrollera denna flod av vilja och makt? Har vi tappat greppet om tyglarna, och om så, varför? Är vi för rädda för att utmana de osynliga krafterna, eller är vi nu utan verktyg i denna globaliserade värld? Vad betyder detta för framtiden, måste vi finna nya vägar? Vägar som kanske leder utanför de ramar vi en gång satt.

Det nya klassamhället, åter en verklighet, ungdomar, invand-rare, ensamstående föräldrar, de bortglömda. Hur hamnade vi här, i ett samhälle där klyftorna växer? Och varför är det så tyst, så öronbedövande tyst, om dessa frågor? Vad kan vi göra för att återigen sätta jämlikhet i centrum? Har vi förlorat oss själva i jakten på medelklassens gunst? Hur kan vi rätta till detta, och är det ens möjligt att förena en politik för alla med en politik för de mest utsatta?

Framtidsvisioner, de en gång så klara, nu svagt lysande. Varför är de så få, varför är debatten så stilla? Har vi blivit för pragmatiska, för rädda för att drömma stort? Eller har vi förlorat kontakten med våra grundläggande ideal? Om vi inte kan erbjuda en vision, en dröm om en bättre morgondag, hur kan vi då förvänta oss att människor ska följa oss? Men visioner måste vara mer än ord, de måste ha rötter i verkligheten, annars riskerar vi att förlora det lilla vi ännu har kvar.

Demokratins kris, en spricka som vidgar sig. Människor känner att deras röst inte längre räknas. Varför har det blivit så, är det partierna själva som byggt murarna? Blivit mer slutna, mer toppstyrda, och mindre lyhörda? Vad betyder det när människor vänder sig bort, när de tystnar? Kan vi återuppbygga en levande demokrati, där alla har en röst? Hur kan vi bryta ner de hierarkier som kväver engagemanget?

Socialdemokratin, en gång en röst för alla, nu kanske mest för medelklassen. Vad hände med solidariteten? De mest utsatta känner sig inte längre sedda, inte längre hörda. Har vi tappat vår identitet, vår kärna som en rörelse för rättvisa? Hur kan vi återigen bli en kraft för de svagaste, och inte bara för de som redan har det bra? Är det ens möjligt att förena dessa två världar, att skapa en politik som verkligen omfamnar alla?

Nya folkrörelser, nya röster som höjs. Är de ett hot, eller en möjlighet för oss? Kan vi öppna oss för dessa nya krafter, och om vi gör det, hur påverkar det vår egen identitet, vår egen väg? Vad skulle det innebära att släppa in det nya, att ge plats åt det som spirar?

Är vi redo att utmana det gamla, för att ge plats åt det nya? Och om vi inte är det, vad riskerar vi att förlora? Kanske handlar vår överlevnad som kraft om just detta: vår förmåga att anpassa oss, att öppna oss för en ny tid, en tid där människor vill påverka, men på sina egna villkor.

I slutändan handlar allt om förändring. Är vi redo att förändras, att släppa in det nya, att åter bli en rörelse som engagerar, som inspirerar? Det är lätt att känna pessimism inför dessa utmaningar, men är inte förändring just vad vi alltid har stått för? Att drömma om en bättre värld, och att arbeta för att göra den verklig.

Om vi kan återfinna vår förmåga att drömma, att tro på att förändring är möjlig, då kanske vi också kan återfå människors förtroende. Men det kräver att vi vågar ställa de svåra frågorna, att vi vågar ifrågasätta oss själva och vårt samhälle. Är vi redo för den utmaningen? Och om vi inte är det, vad säger det då om vår framtid?

Om Jan Svärds skrivande

Jan Svärd, Malmö, född 1 januari 1941, är aktiv genom sitt skrivande, där han använder sitt erfarenhetskapital för ett levande kulturskapande inom poesi, biografier, historiskt fakta och barnböcker. I hans verk lyftes fram de orättvisor och den ojämlikhet som har fått ökat utrymme i dagens samhälle, samtidig som han också visar på att det går att förändra.

Fram till idag har han kommit ut med nedanstående böcker med historiska arbetarrörelsefakta, lyrik, biografier och barnböcker.

Utgivna böcker

»Blåställ«.

En bok om och kring personligheterna på Kockumsarbetarna genom åren. Öknamn, 1.161 sådana, samt i många fall upphovet för tillkomsten och förklaringarna därtill. Boken bygger på över 500 intervjuer, samtal och möten med före detta kockumiter. Minnen och historier från den stora arbetsplatsen.

»VI PÅ KOCKUMS«.

En uppföljning av boken »Blåställ«.

»Henrik Menander – Arbetets son«.

Den handlar korkskäraren och den socialistiska organisatören som blev tidningsman och skald. Mest berömd för sina proletärsånger Arbetets Söner och den svenska texten till Internationalen. Men också ett otal arbetardikter. En bok om skalden-korkskäraren – Tidningsmannen – Organisatören.

»Med verkligheten som drivkraft«.

En bok som är ett kort sammandrag av arbetarrörelsens historia i vårt land.

För att förstå förändringarna i vår egen tid och känna igen våra ideologiska grunder, som byggde upp det Sverige vi har idag, måste man börja med att förstå vilka värden våra förfäder slogs för.

Boken att används i skolan, studiecirkeln, kursverksamheten och som underlag vid möten och sammankomster.

»August Palm – skräddaren som förvandlade Sverige!«.

En illustrerad bok som handlar om den främste agitatorn, uppviglaren inom den svenska arbetarrörelsen. Jan Svärd text. Bertil Persson illustrationer.

Boken att används i skolan, studiecirkeln, kursverksamheten och som underlag vid möten och sammankomster.

»Med röd glöd«.

Boken gör en snabbvandring genom den svenska socialdemokratins historia. En rikligt illustrerad bok där arbetarrörelsens historia kan ses som en »backspegel« för det politiska och fackliga framtidsarbetet.

Huvudsyftet med boken är att väcka intresse för fördjupning i historien. Jan Svärd text. Bertil Persson illustrationer.

Boken finns även på serbokroatiska under titeln »SA CRVENIM ZAROM«.

Boken att används i skolan, studiecirkeln, kursverksamheten och som underlag vid möten och sammankomster.

»Vi kan. Vi vill. Vi gör«.

En bok om Svenska Kommunalarbetareförbundets spännande och omväxlande historia. Alltid i främsta ledet för kampen för demokrati, jämlikhet, solidaritet och medmänsklighet. Jan Svärd text. Bertil Persson illustrationer.

»Låt hjärtat va' me'!

En bok där om Jan Svärds personliga syn på Malmöpolitiken i vardagen, och ett hjärta som klappar för ett rättvist Malmö med plats för alla.

»Första majmärken 1894-1994«.

Detta år var ett extra märkesår för socialdemokratiska 1:a maj-märken, som detta år fyller 100 år. Märkena har blivit ett mycket attraktivt samlarobjekt. I boken redogörs för märkenas historiska tillkomst, vilka paroller som framfördes varje år i demonstrationstågen, och bakgrunden över de personerna finns på märkena.

»Förstamajmärken 1894-2006«.

Boken är en förnyelse och uppdatering av tidigare utgivning.

»Vådan av att inte ha svans«.

En personlig bok, personligt präglad till både till stil och tanke. En del kallar det aforism medan författaren menar att det egentligen endast handlar om ett antal tankar som tagit genvägar i hjärnan.

»Svanslöst«.

En uppföljning av boken »Vådan av att inte ha svans«. Cirka 600 tankekorn med roliga och oroliga ordvändningar, aforismer och citat hämtade i samtal från den svenska vardagen – till begrundan, eftertanke, glädje och tröst.

»Ordet är ditt«.

En bok om att skriva insändare, debattartiklar, motioner, att vara aktiv inom de sociala medier och att bilda nätverk.
Användes idag i studiecirklar. Jan svär är anlitad som föreläsare i hela landet.

»SKRIVFRONT«.
Boken utgår från dagens situation och tar upp hur farlig tystnaden är för vårt demokratiska samhälle. Detta är den andra upplagan. Nu med nya infallsvinklar. Avsnitt om Internet, bloggning och mediestrategier har tillkommit. Även att en hemsida upprättats där man får uppgifter om tidningarnas e-postadresser, politisk ordlista och mycket annat. Även en studiehandledning finns. Användes idag i studiecirklar. Jan Svärd är anlitad som föreläsare i hela landet

Utgivna diktsamlingar

Samla dej!: Om orättvisorna i vårt land och samling till motkraft.

SinneSippRingar: Tankar i vardagen.

Medförfattare i Rikskorpens jubileumsbok **»Arv att förvalta – Friskt Framåt«.**

Utgivna barnböcker

»Roffe och Respekten«.
En barnbok som har sin handling i Malmö och respekten för varandra och inte bara sig själv.

»… och så kom Ledde …«
Barnbok som fått stor spridning. Flera skolklasser har använt den till högläsning och teateruppspel i skolorna.

Dessutom

Skrivit 17 revyer och varit producent av dessa. Revyerna uppfördes på berömda Musafällan-scenen på Gamla Väster i Malmö, men även *KulturKnuten, Malmö.

Skrivit ett folklustspel tillsammans med Jörgen Westerhov. »God morgon fru Statsminister«, uppförd på KulturKnuten i Malmö.

Har genom året fått cirka 3000 insändare och ett otal debattartiklar publicerade i olika tidningar.

KulturKnuten, tidigare Frälsningsarméns kyrka på Spångatan 38 i Malmö, som Jan tillsammans hustrun Anita övertog, gjorde om och drev som ett populärt kulturcenter. I dags drivs det av annan ägare och kallas Babel.